高中数学课程中的逻辑推理
及教学策略研究

林玉慈 著

吉林大学出版社

·长 春·

图书在版编目（CIP）数据

高中数学课程中的逻辑推理及教学策略研究 / 林玉
慈著. -- 长春：吉林大学出版社，2021.10

ISBN 978-7-5692-8975-6

Ⅰ.①高… Ⅱ.①林… Ⅲ.①中学数学课－教学研究－
高中 Ⅳ.① G633.602

中国版本图书馆 CIP 数据核字（2021）第 201134 号

书　　名：高中数学课程中的逻辑推理及教学策略研究

GAOZHONG SHUXUE KECHENG ZHONG DE LUOJI TUILI JI
JIAOXUE CELÜE YANJIU

作　　者：林玉慈　著
策划编辑：朱　进
责任编辑：朱　进
责任校对：刘守秀
装帧设计：王　强
出版发行：吉林大学出版社
社　　址：长春市人民大街 4059 号
邮政编码：130021
发行电话：0431-89580028/29/21
网　　址：http：//www.jlup.com.cn
电子邮箱：jdcbs@jlu.edu.cn
印　　刷：北京兴星伟业印刷有限公司
开　　本：787mm×1092mm　　1/16
印　　张：13.25
字　　数：220 千字
版　　次：2021 年 10 月第 1 版
印　　次：2021 年 10 月第 1 次
书　　号：ISBN 978-7-5692-8975-6
定　　价：55.00 元

前　言

以往知来，以见知隐，若此可得而知之矣。——《墨子·非攻》

在错综复杂的情况中辨明方向，根据现下的情势预测事态发展，从而做好准备或做出决策，这正是逻辑推理的用武之地。不论是做准备还是做决策，都要经历看问题和做事情的过程，在这个过程中保持思维的逻辑性是至关重要的。对此，恩格斯（1972）有句著名论述："一个民族想要站在科学的最高峰，就一刻也不能没有理论思维。"翻开历史的篇章，就可以看到人们探索思维科学化的历程，这个历程就是一部人类文明进化史。在思维科学化的进程中，如何进行有逻辑的推理是关于思维过程的重要研究课题。

我国数学教育深刻地受着传统文化的熏陶。在我国古代，受传统儒家文化的影响，考生们寒窗苦读，希望通过科举考试来一朝扬眉，因此读书的动力很大程度上是建功立业。这样的背景下，父母希望子女通过考试来光耀门楣，所以对子女有着很高的期望，对他们的要求也就非常的严格。这种通过考试来博取功名的传统至今对我国的教育有很深的影响，受八股学风的影响，背诵、记忆与模仿是被重点强调的。俗话说，"熟读唐诗三百首，不会作诗也会吟"，大量的练习是保证考试成功的基础。然而《论语》有云：学而不思则罔，思而不学则殆。如果仅仅依靠背诵和记忆，通过练习来适应考试，长久这样下去就会扼杀人们创新与探索的能力。另外，我国古代传统算学与天文历法紧密联系，所以传统数学也以计算为主，推理和证明则较少涉及，儒家学说虽然不重视数学，但是对数学中的演绎方法却不拒绝也不反对（张奠宙，2002）。到了清代，学者们要考证各种文献的真伪、版本和作者等，考据学派的代表戴震（1980）曾批评过之前极不严谨的论证方法，指出这种方法"依于传闻以拟其是，择于众说以裁其优，出于空言以定其论，据于孤证以信其通"。区分正确推理和不正确推理的方法和原理的研究领域是逻辑学，故而考据依赖逻辑，验证的方法也经常依赖反证法。梁启超（2009）曾经说过，"自清代考据学派200年之训练，成为一种遗传。我国学子之头脑渐趋于冷静缜密。此种性质实为科学成立之基本要素。我国对于形的科学，渊源本远。用其遗传上极优粹之科学头脑，将来必可成为全世界第一等之科学国民。"梁启超所说的遗传基因到今天依然存在，我国数学教育注重演绎推理的特点实际上也沿袭了清代的考据特色（张奠宙，2002）。

我国数学教育还受国际数学教育的影响。回顾国际上的数学教育，第二次世界大战之后，各国普遍实行了9～12年的义务教育制度，数学教育的目的从以前的培养少数的科学家以及国家管理人员等，转变为提升大众掌握数学的能力。到了20世纪60年代，苏联的人造卫星先于美国上天，美国国会要求政府和公众支持教育改革，通过科学教育来保卫国防。很多数学家都投身于这场教育改革当中，当时数学家们认为那时的数学教材太过于陈旧，没有反映20世纪的数学成果，所以一大批新的数学教材都被编写出来，用以代替旧教材。美国、日本、英国和苏联都在这项数学教育改革运动中有所作为，中国也在这场"新数学"的运动中举行了中国数学会代表大会，提出了"打倒欧几里得"的口号，重新编写了高中数学教材，增加了二进制等现代数学的内容，废弃了欧几里得几何，削减了基本运算。然而，这场新数学运动最终还是失败了，由于太多过于抽象的数学内容使学生无法接受，而且学生被二进制弄糊涂了，而不知道简单的"2+2"等于多少。后来，很多新数学运动中编写出的教材都宣布失败，"回到基础"的口号又被提了出来。但仅仅强调打基础，把数学变成了枯燥的练习，学生通过这样的数学教育只会死记硬背，没办法满足社会对人才的需要。因此，发达国家又提出了"数学问题解决"的口号，希望学生能够在掌握基础知识的同时，具有应用与探索的能力。西方文化关注学生的个性发展，因此学生的基础知识不如中国学生牢靠；然而东方的文化讲究熟能生巧，却不善于发展人的创新意识。

中华人民共和国成立后，中国照搬苏联严密的数学教育体系，重视逻辑演绎。这个严谨的形式化数学体系与中国传统严谨的治学理念非常相似。1963 年，中国颁布了教学大纲，在学习苏联的基础上结合了中国的特色，提出了加强"双基（基础知识和基本技能）"，发展学生的"三能（空间想象能力、基本运算能力和逻辑思维能力）"。当时的数学教育达到了很好的效果，其中有很多经验值得今天的数学教育继承和发扬。到了 20 世纪 90 年代，中国教育理念发生了深刻的变化，国家提倡"素质教育"和"创新教育"，在教育目标上提出了逐步培养分析和解决实际问题能力的要求。

科技创新人才的培养是关乎国家长远发展的重要问题。我国著名科学家钱学森对人才培养的问题一直非常关注，有多次谈话都涉及这个问题。钱老在谈话中讲道："要培养科技创新人才，首先应该创设活跃的学术氛围，让学生在讨论和交流中进行思考，启发学生想别人没有想到的东西，激励学生的说别人没有说过的话，这些思考首先是从大跨度的联想中得到启迪，再用严密的逻辑加以验证，这些对培养人们科技上的创新精神是十分重要的。"（钱学森，2010）经过多年注重基础知识和基本技能的教学，中国的学生基础知识是很扎实的，然而打好基础的目的是发明和创造，所以为了使数学教育适应国家与社会的需求，《义务标准》将"双基"变为"四基（基础知识、基本技能、基本思想和基本活动经验）"。史宁中在著作《数学基本思想 18 讲》中指出，数学发展所依赖的本质思想是抽象、推理和模型，在重视演绎推理的同时重视归纳推理的培养，在打好基础的同时培养学生的创新能力与应用意识。与此同时，在培养学生分析问题与解决问题的能力的基础上，更要培养学生发现问题与提出问题的能力，将"双能"改为"四能"。因此，形成逻辑推理素养是打基础和求创新的关键，是能够发现问题和解决问题的必备素养。

当今世界，知识的更新速度在不断加快，信息的传播能力在不断提高，这意味着时代发展的节奏在不断加快，同时也表明教育必须跟进，以便培养出能够适应这种高速发展的人才。为了提高国民素质以适应新时代对人才的需求，造就"有理想、有道德、有文化、有纪律"的德智体美等全面发展的社会主义事业建设者和接班人。我国于 1994 年开始并全面实施素质教育，迄今已走过了 20 多年的历程。关于我国素质教育中使用的"素质"

的具体内涵，史宁中教授认为是人通过合适的教育和影响而获得与形成的各种优良特征，包括学识特征、能力特征和品质特征（史宁中等，2007）。因此，通过基础教育阶段的素质教育，除了要教会学生必要的知识外，还需要培养学生发现问题、提出问题、分析问题和解决问题的能力，能力的表现是智慧，智慧的基础是归纳推理与演绎推理两种思维的交融。爱因斯坦曾说过："西方科学的发展以两个伟大成就为基础，那就是：希腊哲学家发明的形式逻辑体系（在欧几里得几何中），以及通过系统的实验发现有可能找出的因果关系（在文艺复兴时期）。"爱因斯坦这段话中涉及了两种思维方式，前者是演绎推理，后者则是归纳推理。演绎推理的主要功能是验证结论，而不是发现结论；归纳推理是能够通过情况预测结果或是根据结果探究成因的关键（史宁中等，2008）。

进入 21 世纪之后，中国的数学教育正在发生重大变化，教育受到空前重视（张奠宙等，2009）。素质教育是把教育过程中的学生培养成现实的人、人性的人、智慧的人和创新的人的教育，演绎思维与归纳思维的紧密结合是实现以上目标的基础（史宁中等，2007）。为了顺应社会的发展、知识的更新和信息传播的新趋势新潮流，我国不断进行课程与教学改革，并于 2018 年颁布了《普通高中数学课程标准（2017 年版）》（下称《标准（2017 年版）》），突出特点就是强调培养学生数学核心素养的教育目标。《标准（2017 年版）》共提出六个核心素养，分别是数学抽象、逻辑推理、数学建模、数学运算、直观想象和数据分析。将《标准（2017 年版）》与《义务教育数学课程标准（2011 版）》（下称《义务标准》）进行对比，可以发现《标准（2017 年版）》将之前提出的合情推理和演绎推理，统一修订为逻辑推理，其中将逻辑推理素养的内涵和外延表述为：逻辑推理是指从一般事实和命题出发，依据规则推出其他命题的思维过程。逻辑推理主要包括两类：一类是从特殊到一般的推理，推理形式主要有归纳、类比；一类是从一般到特殊的推理，推理形式主要有演绎。

该次课标修订意义重大，这是我国第一次在教育纲领性文件中明确地提出归纳推理、类比推理与演绎推理一样，都是有逻辑的思维形式。《标准（2017 年版）》特别指出，希望通过逻辑推理素养的培养过程，使学生具备发现和提出问题的能力，理解一般结论的来龙去脉，能够举一反三，逐渐形成有论据、有条理、合乎逻辑的思维习惯和交流能力。这样，《标准（2017年版）》中提出的关于培养学生逻辑推理素养的教育目标，不仅为更好地培养学生的创新能力提供了出发点和落脚点，也对广大教育工作者提出了更高的教育要求。

为了实现这样的教育目标，首先需要改变教育工作者传统的教学观念。受中国传统教育观念的影响，演绎推理等价于逻辑推理的观念不论在教师还是在学生的头脑中，都是根深蒂固的。这样就导致教师和学生都对归纳推理、类比推理的逻辑性充满怀疑，在教学和学习实践中运用归纳推理、类比推理也就理所当然地存在着心理障碍。因此，只有使教师明确归纳推理与类比推理跟演绎推理一样都是有逻辑的推理形式，都是解决问题所需要的思维形式，才能使教师放下顾虑，在教学中大胆地应用，进而全面培养学生的逻辑推理素养。为此，在理论上阐述清楚这三种推理形式的逻辑性不仅是重要的，也是十分必要的。

数学课堂教学当中，推理与意义建构是数学学习的基石。围绕推理与意义建构设计数学课程，能够让学生在后续的学习和生活中获得必需的过程性知识，能够促进学生能力的提升与发展。美国全国数学教师协会（NCTM）于2009年发布了高中数学教育的指导大纲——《聚焦高中数学：推理与意义建构》（*Focus in High School Mathematics: Reasoning and Sense Making*, 2009），大纲中列举了许多教学案例，从理论上和实践上论证了在高中数学教学中融贯推理与意义建构的科学性和必要性。此后，NCTM陆续出版了《聚焦高中数学》的5本分册，分别从概率与统计、代数、几何、兼顾所有学生以、及技术支持5个方面聚焦高中数学的推理与意义建构，其中提出进行数学化的过程——问题解决、推理与证明、联结、交流和表达——都是数学推理和意义建构的具体表现，在高中阶段强调推理和意义建构可以帮助学生将新知识和学过的知识联系起来，使学生更容易理解数学内容。在课堂之中融入推理与意义建构，可以帮助学生体验推理的过程，更好地理解知识，提高能力。为了说明在数学课堂中聚焦推理与意义建构的重要意义，《聚焦》中对比了同一个教师，对同一个教学内容（距离公式），在教学中有和没有渗透推理与意义建构进行两种教学设计，产生了两种截然不同的教学效果（NCTM, 2009）。

（学生在没有理解的情况下被要求回忆距离公式。）

师：今天的课程，我们要计算圆心与圆上的任意一点之间的距离，求解圆的半径。同学们有谁记得如何求解两点之间的距离？

生 1：是不是有一个公式啊？

生 2：我想可能是 $(x_1+x_2)^2$，或者是类似这样的公式吧。

生 1：啊！我想起来了，有一个大的根号，但我忘了根号里面是什么了。

生 3：我知道了！是 $(x_1+x_2)/2$，是吗？

生 4：不是，那是中点的公式。

（讨论持续了很久，直到教师提示学生们距离公式是什么。）

第二年，这位教师决定尝试一种不同的教学方式，让学生在解决问题中进行推理和意义建构。在下面的例子中，教师创设了情境，让学生在推理的过程中，把正在学习的知识与现有的知识联系起来，理解距离公式的含义。

师：让我们思考在地图上找到两个位置间距离的问题。假设这张地图上标注了学校的位置；你家的位置——位于学校西边两个街区和学校北面五个街区之间；你最好的朋友家的位置——位于学校东边八个街区和南边一个街区之间。如果这个城市有一个均匀分布的垂直街道系统，那么从你家开车去你的朋友家要经过多少个街区？

生 1：我想，我们需要向东开十个街区，再向南开六个街区，所以我想应该是十六个街区吧？

师：那么，假如你能用直升机直接飞到朋友家，我们怎样找到"像乌鸦在空中直线飞行一样"的距离呢？现在跟你的伙伴一起建立坐标系，并且标出开车从你家去朋友家的路径。接下来，如果你能飞的话，计算出两个房子间的直接距离。

现在，如果你可以用直升机直接飞到朋友家呢？我们怎么能找到"如乌鸦在空中直线飞行一样"的距离？与你的合作伙伴一起建立一个坐标轴系统，并显示你开车到朋友家的路径。接下来，如果你能飞，请你计算房子之间的直线距离。

生 1：我们何不以学校为原点？这样我家坐标是 $(-2, 5)$，我朋友家坐标是 $(8, -1)$？

生 2：是的，听起来没错。在这里，可以画出连接两个房子的道路，然后画出连接两个房子的线段。

生2：也许我们可以测量出一个街区的长度，用尺子测出距离。

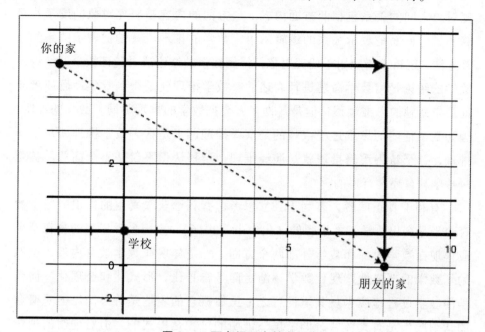

图 0-1　两点间距离教学示意

生3：等一下——你刚刚画了个直角三角形，因为街道是垂直的。

生4：这意味着我们可以使用毕达哥拉斯定理：$10^2+6^2=c^2$，所以 $c=\sqrt{136}$。

生2：但是相当于多少个街区呢？

生3：距离大于121，小于144，所以距离不应该在十一到十二个街区之间吗？实际上，距离可能更接近12个街区，因为136更接近144。

（然后老师将讨论进行了扩展，举出了其他的一些例子，最后得到了一个通用的公式。）

这位教师在第二年通过让她的学生从推理和意义建构的角度来理解距离公式，发现这加强了学生们对公式的理解，知道了距离公式正确的原因，这也增加了学生们在日后能够快速想起和能够快速重新推导距离公式的可能性。

实践证明，在高中数学教学中融贯推理与意义建构是重要且必要的，数学推理是逻辑推理中最重要的内容。史宁中（2016）教授提出："数学研究对象之间的关系包括两方面内容：一方面的内容是研究对象的度量与运算；另一方面是表示关系的逻辑术语。数学的推理，就是把表示关系的运算方法、逻辑术语应用于研究对象，得到数学的结论或者验证数学的结论。"数学的结论是用数学命题进行表述的，数学推理就是得到数学命题或者验证数学命题的思维过程。但是，许多人会把数学的推理等同于数学的证明。因为数学证明的思维过程依赖的是演绎推理，于是认为数学推理就是演绎推理，甚至认为逻辑推理就是演绎推理。这种认识不仅是不全面的，甚至对数学教育还是有害的。

有利于真正理解、有利于独立思考、有利于获取真正的知识的数学教育应当是突出数学基本思想的（史宁中，2016）。突出数学思想的教育至少应体现在数学内部和数学外部两个方面：一是体现在数学教育内部，虽然为了数学的严谨性，现代数学逐渐走向了符号化、形式化和公理化，但数学的教学过程却应当反其道而行之；虽然概念的表达是符号的，但对概念的认识应当是有具体背景的；虽然证明的过程是形式的，但对证明的理解应当是直观的；虽然逻辑的基础是基于公理的，但思维的过程应当是归纳的。二是体现在数学教育外部，学生中的大多数，将来所从事的工作很可能不需要研究数学，这些学生从事工作后，会把辛辛苦苦记住的那些数学概念、证明方法以及解题技能逐渐忘掉，应当通过数学教育在知识和技能的基础上，让学生感悟一些东西、积累一些经验，让学生终身受益。思想的感悟和经验的积累不能仅依赖老师的讲授，更主要的是依赖学生亲自参与其中的数学活动和学生的独立思考。因此需要教师在讲授数学知识的过程中，用"这里发生了什么""你为什么这样认为"等启发性问题，为学生创设能够启发学生推理与意义建构的情境。

为此，本书将围绕数学逻辑推理的教与学问题展开讨论。本书尚无意探索出一条提高逻辑推理素养教学效率的有效路径，那是一项艰难而长期的工作，而只是从《标准（2017年版）》修订的原因和理论基础出发，做一些理论和实践上的基础性研究工作。这些基础性的工作包括厘清《标准（2017年版）》将《义务标准》中的演绎推理与合情推理统一修订为逻辑推理的原因、阐述逻辑推理的理论内涵与关键要素、弄清高中生逻辑推理素养的水平、分析现行教材中体现逻辑推理素养的情况，为教师在实际教学中培养学生的逻辑推理素养提供案例性的参考。同时，数学学科学习是培养学生逻辑推理能力的重要载体，本书以高中生数学课程中的逻辑推理及教学策略为抓手进行研究，以获得更具普遍性的原理和原则。

林玉慈

目　录

第一章 逻辑推理素养及其研究问题

逻辑推理素养是打基础和求创新的关键，也是数学学习的基石，培养学生逻辑推理素养能够在知识和技能的基础上，让学生感悟数学思想、积累数学活动经验，通过学生亲自参与其中的数学活动和学生的独立思考让学生终身受益，所以，深入研究数学逻辑推理素养具有重要的理论意义和实践意义。

第一节 逻辑推理与数学逻辑推理

一、推理与数学推理的概述

中国汉代经学家刘向说，谋先事则昌。翻开历史的篇章，我们会发现人们思维发展的历程，就是一部人类文明的进化史。文字的诞生及以直观与猜测为手段的抽象思维的形成，促使古代的中国、印度和希腊的智者对思维器官、思维方法等展开了广泛的思辨活动（李甡平，1989）。

在西方，亚里士多德第一个提出了概念分类的十个范畴，创立了以"三段论"为主的归纳-演绎法。亚里士多德提出的思维形式和思维规律被后人称为形式逻辑，是古代具有朴素直观性和猜测性的抽象思维的集中代表。

欧几里得的《几何原本》就是应用演绎推理的方法来研究数学的经典之作。14世纪末到18世纪初，科学的方法大大地发展，在发展的过程中，逐渐证明了用观察与实验的方法做研究的有效性和正确性。通过观察，"地心说"被哥白尼打破；通过实验，亚里士多德的权威观点"物体下落的速度和重量成正比"被伽利略推翻。17世纪，英国哲学家弗朗西斯·培根发表了著名的逻辑著作《新工具》，认为科学应当探求自然界的事物及规律，而探求的基本方法就是实验的方法。这个实验法就是培根建立的归纳逻辑法，通过一步步地归纳实验结果，最后得到规律性的认识，将这样的思维方法作为科学发现和创新创作的基础。

东方文明在逻辑学方面的研究也是倾倒后世的。先秦时期就产生了古代的逻辑学专著，如墨家的《墨经》和荀子的《正名》篇，战国中期的名家在相互辩难中，注意到了对名词、概念和命题的分析，对名实关系的考察，以及对思维规律和方法的探讨。古籍《周易》是"六经"之首，这部拥有神秘色彩的著作关注类与类之间的关系，它是中国传统思维模式的母体，蕴含了基于类的具有东方特色的中华民族传统思维模式。

人们总是将逻辑与智慧联系在一起，聪明的人总是有善于逻辑思考的头脑，而逻辑又常常给人们非常高深的感觉。汉语中的"逻辑"一词是严复先生从英语中的 Logic 音译过来的，有"规律"和"法则"等意思，Logic 导源于希腊文 λόγος，其原意主要是指思想、言辞、理性、规律性。美国著名逻辑学家皮尔士认为，有关"逻辑"一词的解释极多，但从主要的观点看，逻辑研究的中心课题是思维中的推理（杨武金，2008）。逻辑属于研究人们思维的学科，人们的思维活动主要就是推理活动，当我们知道了一些知识之后，总是从已经知道的知识推出新的知识来，已知的知识是前提，新知识是结论，善于思维就是要善于推理，学习逻辑也就是要学习怎样进行推理（杨武金，2008）。这就告诉我们，人们进行思维，即"想一想"，就是用概念、做判断、行推理的过程。推理要有逻辑性，这是正确思维的基本要求。

在数学学科中，史宁中（2009）认为在本质上，数学发展依赖的基本思想是抽象、推理、模型，研究对象的获得，要从现实世界中依靠抽象来得到，进而再通过推理使数学得到发展。苏联数学家亚历山大洛夫（1958）指出"一般性、严谨性、广泛的应用性"是数学的特点，这个观点也得到了人们的广泛认同。因为数学具有高度的抽象性，所以才具有一般性，而数学之所以具有严谨性，则是由于数学的结论从产生到验证，都遵循着有逻辑的推理。《普通高中数学课程标准（2017年版）》（下称《标准（2017年版）》）认为逻辑推理是指从一些事实和命题出发，依据规则推出其他命题的思维过程。人们普遍认为，思维有形象思维、逻辑思维和辩证思维三种形式，数学主要依赖的是逻辑思维，其中具体的体现就是逻辑推理。在数学学科中，命题是可供判断的陈述句，所以推理的对象就是命题，如果也用陈述句来表述计算结果的话，那么数学的所有结论就都是数学命题。命题是推理的对象，数学命题是数学推理的对象。

　　人们普遍认可数学的推理是有逻辑的，但又很难表述清楚为什么数学的推理是有逻辑的。为了弄清这个问题，史宁中（2016）在《试论数学推理过程的逻辑性》一文中论证了逻辑推理的本质是推理的过程具有传递性，传递性可以区分为关系传递性和性质传递性，这两种传递性都可以用数学的语言和符号确切地表述出来。有逻辑的推理有两个特征，一个特征是前提命题的所指项或者所指项的等价物始终出现在三个命题之中，另一个特征是结论命题所表述的性质与前提命题所表述的性质是一致的，形象地讲，就是有一条主线，将这些命题串联起来。基于简单推理的逻辑推理本质上只有两种形式，即《标准（2017年版）》所说"逻辑推理"时所说的两类，一类是具有关系传递性或者具有第一类性质传递性的演绎推理，一类是具有第二类性质传递性的归纳推理，但是为了有利于数学教育和尊重传统习惯，将具有第二类性质传递性的推理区分为归纳和类比两种情况。下面对演绎推理、归纳推理和类比推理分别进行综述。

二、演绎推理与数学演绎推理

（一）演绎推理的历史回顾

　　演绎推理是逻辑推理的基本形式之一，是一种由一般性知识推出特殊性知识的推理，它的前提与结论存在着蕴含关系。在西方逻辑史上，亚里士多德第一个建立了三段论的演绎推理系统，即名词逻辑，古希腊的斯多葛派给亚里士多德的演绎逻辑系统增加了新内容，如假言推理、选言推理等，即命题逻辑，完善了演绎推理系统。历经中世纪和近代演变，发展到 19 世纪的形式逻辑，其所覆盖的知识及其阐述方式，与人们的日常思维密切相关。演绎推理可以根据前提为一个或两个以上分为直接推理和间接推理，间接推理可以根据前提为简单命题或复合命题分为简单命题推理和复合命题推理。

数学学科中，运用演绎推理思想创立公理化方法的开创者是古希腊的亚里士多德，这为数学科学条理化和系统化创造了条件（M. 克莱因，1981）。公元前 300 年，数学家欧几里得完成了名著《几何原本》，这本著作运用演绎推理，以原始定义、公设和公理作为出发点，推演出了其他的概念和命题，成为演绎证明的典范。1882 年，射影几何的创始人德国数学家帕施在著作《新几何讲义》中提出："如果几何学要成为一门真正演绎的科学，那么必不可少的是，作出推论的方式既要与几何概念的意义无关，又要与图形无关；需要考虑的全部东西只是命题和定义所断言的几何概念之间的联系"（M. 克莱因，1981）。帕施认为几何公理体系中，必须要有不加定义的基本概念，这样这些概念就会完全摆脱图形的直观和物理属性的束缚，而所给出的公理必须能够刻画那些不加定义概念的全部特征以及这些概念之间的关系。

终于，这样的想法在 1899 年希尔伯特出版的著作《几何基础》中被付诸实施。希尔伯特在著作中将点、直线、平面看作三组不同的对象，把点用 A，B，C，…来表示；把直线用 a，b，c，…来表示；把平面用 α，b，c，…来表示，使得基本概念彻底脱离了几何的直观背景，得以符号化，提出了逻辑严谨的公理化系统。1933 年，法国著名的布尔巴基学派成立，该学派认为数学是研究形式结构的科学，他们在形式公理化的基础上，用结构的观点和方法，彻底改造和重新组织整个数学的内在结构，把各个数学分支间的本质差异和内在联系进行深入的分析和研究，并出版了系列著作《数学原理》。这样，逻辑演绎方法就成了能运用于包括数学在内的各种科学领域的重要方法。

（二）演绎推理的数学表达

在数学学科中，演绎推理是验证数学结论的方法，在证明中起着非常重要的作用。演绎推理是从一般到特殊的推理，它按照严格的逻辑规则进行，带有形式化的特点。演绎推理的结论是必然成立的，或者说，只要前提条件正确，那么推理的结果就必然正确，所以演绎推理的作用是为数学命题提供有逻辑的证明，也可以被用来揭示出蕴含在命题中的隐藏信息，揭示出事物间的内部联系。

中学数学里常用的证明方法，主要有直接推理、三段论间接推理、反证法、数学归纳法、完全归纳法等。直接推理就是指对作为前提的原命题进行变形而直接推出结论的一种推理，而间接推理的种类很多，有三段论、关系推理、联言推理、选言推理、假言推理等。高中阶段，师生教与学过程中常用的间接推理主要就是三段论。三段论推理是由大前提、小前提和结论组成的，其中，S，M，P分别是小项、中项和大项。小项S为小前提所包含，在结论中是主项；中项M是在大前提和小前提中包含，而在结论中不包含的项；大项P为大前提所包含，在结论中是谓项。例如：等于同一线段的两线段相等——若线段DE等于线段AB，线段AB又等于线段DC，那么，线段DE就等于线段DC。

完全归纳法是指通过考察一类事物的全体对象，发现它们都具有某一属性，从而作出这类事物都有这一属性的结论的一种推理方法。完全归纳法的论证过程如下。

令A是一个包含有限元素的集合，如果验证了每一个元素都具有性质P，则认为这个集合中的所有元素都具有性质P。显然，这样推理得到结论的正确性是不言而喻的。

推理形式可以用符号表示为：A是一个有限集合。如果所有$x \in A$，$x \to P$；则$A \to P$。

这样，通过完全归纳推理得到的结论是必然正确的，因此从结论的必然性区分，完全归纳法也是一种演绎推理。由于完全归纳法需要考察一类事物的全体对象，因此运用完全归纳法进行推理时，常常会用到穷举和类分的方法。但是如果被研究对象的数量或者种类过多的话，考察全部对象或各种类别对象，就有一定的难度了。

在中学数学的定理证明中，运用完全归纳法的典例是圆周角定理（圆周角的大小等于对应圆心角的一半）。完成圆周角定理的证明，必须要考察圆心与圆周角关系的所有情况。不论圆心在圆周角内部、在圆周角外部、在圆周角的一条边上，都需要验证圆周角的度数等于同弧所对的圆心角的一半，其论证过程如下。

性质 P：圆周角的大小等于对应圆心角的一半。

集合 A：在一个圆心为 O 的圆中，对于给定弧 AC 和圆上的点 B，分别用 $\angle ABC$ 和 $\angle AOC$ 表示对应弧的圆周角和圆心角。

从图 1-2 中可以看到，由于角的顶点 B 所在位置不同，圆周角 $\angle ABC$ 和圆心 O 之间的位置关系可以分为三种情况，分别用 $P(1)$、$P(2)$ 和 $P(3)$ 表示对应这三种情况的命题，即

$P(1)$：圆心 O 在圆周角的一条边上，如图 1-2 (a) 所示。

$P(2)$：圆心 O 在圆周角的内部，如图 1-2 (b) 所示。

$P(3)$：圆心 O 在圆周角的外部，如图 1-2 (c) 所示。

这样，集合 A 中只包含三个元素：$P(1)$、$P(2)$、$P(3)$。

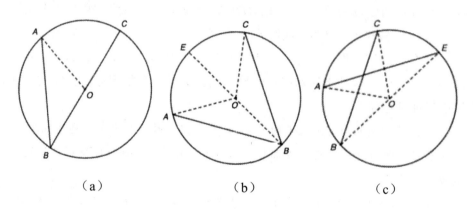

（a）　　　　　　　　　（b）　　　　　　　　　（c）

图 1-2　圆周角与圆心角的关系

证明：根据完全归纳法的原则，只要验证 $P(1)$、$P(2)$ 和 $P(3)$ 正确，就可以推断命题 P 成立。

$P(1)$：当圆心 O 在 $\angle ABC$ 的一条边上时，连接 AO，如图 1-2 (a) 所示。这样，$\angle AOC$ 是等腰三角形 ABO 的一个外角，于是有 $\angle AOC = \angle ABC + \angle BAO = 2\angle ABC$。

$P(2)$：当圆心 O 在 $\angle ABC$ 的内部时，过 B 作直径 BE，并连接 AO 和 CO，如图 1-2 (b) 所示。此时，$\angle ABE$ 和 $\angle AOE$ 分别是弧 AE 所对应的

圆周角和圆心角；$\angle EBC$ 和 $\angle EOC$ 分别是弧 EC 所对应的圆周角和圆心角。这都可以转化为第一种情况，得到 $2\angle ABC = 2\angle ABE + 2\angle EBC = \angle AOE + \angle EOC = \angle AOC$，其中，第二个等号用到了命题 $P(1)$ 的结论。

$P(3)$：当圆心 O 在 $\angle ABC$ 的外部时，过 B 作直径 BE，并连接 AO 和 CO，如图 1-2 (c) 所示。类似 $P(2)$ 的情况可以得到 $2\angle ABC = 2\angle ABE - 2\angle CBE = \angle AOE - \angle EOC = \angle AOC$。

这样，我们就运用完全归纳法完成了圆周角定理的证明。

中学数学经常涉及的一种证明方法是反证法。反证法是一种间接证明的方法，它的论证过程是：为了证明原命题成立，先假设其否命题成立；然后在否命题成立的条件下，得到一个矛盾的结果；根据矛盾律，否定这个否命题成立；最后根据排中律就证明了原命题成立。因为同一律、矛盾律和排中律是逻辑论证的基础，是所有数学推理成立的一般性前提，因此反证法的推理过程是有逻辑的。反证法的正确性能够通过矛盾律和排中律来论证，因此反证法是一种演绎推理的方法，通过反证法得到的结论也是必然正确的。

高中数学还涉及一种重要的证明方法，即数学归纳法。这种方法是以皮亚诺自然数公理中的归纳公理为前提，用来证明某些与自然数有关的数学命题的一种方法。数学归纳法可以把含有无限个对象的问题，用有限的方法来解决。这在一定程度上解决了完全归纳法的困难，解决了一些完全归纳法无法解决的问题。因为数学归纳法本身的正确性能够得到证明，所以数学归纳法属于演绎推理，其验证过程如下。

数学归纳法的验证过程（反证法）：

假定数学归纳法不正确，那么，必然存在一些自然数，使相应有序命题不成立。令 m 是使得有序命题 $P(m)$ 不成立的最小自然数。因为我们验证了 $P(1)$ 成立，所以 $m \geqslant 2$，即 $m-1$ 是一个大于或等于 1 的自然数。因为 m 是使有序命题不成立的最小的自然数，那么有序命题 $P(m-1)$ 成立。这与数学归纳法的证明程序矛盾，因为证明程序表明，在有序命题中，某一项成立，那么下一项也成立，因此假定不成立。根据排中律，假设的反命题成立，这就证明了数学归纳法得到的结论是必然成立的。

三、归纳推理与数学归纳推理

从东方到西方，从古中国、古印度到古希腊，古代文明国家的逻辑研究既包含了基于形式的演绎推理，也包含了基于经验的归纳推理。归纳逻辑从古希腊哲学家亚里士多德创立以来，经历了从古典归纳逻辑走向现代归纳逻辑的发展历程。

（一）归纳推理的历史回顾

对于人类认识、实践活动而言，归纳与演绎一样是不可或缺的推理方式。古希腊的亚里士多德是演绎逻辑理论的创始人，他用演绎的方法研究了完全归纳推理，把完全归纳推理看作一种特殊的三段论，由于其结论可靠，所以也用于证明。亚里士多德认为不完全归纳推理作为一种简单枚举归纳推理，其结论是或然的，因此不能用于证明，只能用于诡辩。不完全归纳推理是由个别推广到一般，因此后来又被称为一种扩展性推理。到了中世纪，由于神学在当时处于统治地位，基于经验的实验科学在当时不受重视，因此对归纳与归纳逻辑的研究很少有实质性的进展。随着资本主义的形成和发展，实验科学越来越重要，文艺复兴前后，归纳方法与归纳逻辑的研究也就相应地被提上日程。

古典归纳逻辑的创立者是英国的弗朗西斯·培根（Francis Bacon）。培根在批判经院哲学逻辑的同时，对亚里士多德的三段论演绎逻辑也进行了激烈的批评，还评述了简单枚举的不足，在批判与评述的基础上建立真正的归纳逻辑，作为一种"解释自然的艺术"，能够用来"发现物体的属性和作用，以及物体在物质中所具有的确定法则"，以便更好地为科学发现服务（刘凤璞，1991）。培根认为用归纳的方法获得新的知识必须经历三个步骤：尽量完整地收集经验资料；对之加以整理；通过综合归纳推论出肯定的结论。为此，培根提出了著名的"三表法"来整理不同类型的事例，其中，存在与具有表（table of existence）是由具有所考察性质的事例组成的；差异表（table of absence，也称"接近中的缺乏表"）是由不具有所考察性质的事例组成；程度表（table of degrees）则是由在不同程度上具有所考察性质的事例所组成。培根认为，所谓开始归纳，首先就是要根据三表整理的事例消除不相干因素，然后根据由所建立的"三表"所未予消除的性质，提出有关所考察性质的形式的假说。"三表法"虽然本身不是归纳法，但却是归纳推理的重要环节，培根在批评简单枚举的基础上，强调了排除归纳的作用，在古典归纳逻辑中明确枚举归纳与排除归纳的区别和联系，这对以后的研究有重要的意义。继培根之后，归纳法、归纳推理作为逻辑考察的对象，得到了越来越多的关注和研究，一个以感觉经验为基础，以观察和实验为手段，通过归纳得到规律的新时代开始了。

　　约翰·斯图亚特·穆勒（John Stuart Mill）是古典归纳逻辑的集大成者。穆勒总结和发展了自培根以来的研究成果，建立了以寻求因果联系的四种方法为中心的归纳逻辑理论，后人称之为穆勒方法。他在1843年出版的名著《逻辑体系》中将"三表法"进一步系统化与规范化，提出了判明因果联系的方法或规则，探讨了归纳法的合理性问题，并初步论述了概率对于归纳逻辑的重要性。在穆勒看来，逻辑是以人类知性寻求真理的活动为考察对象的科学，它研究"属于估计证据的知性活动——由已知真理得出未知的过程及其附属的理智活动。"按照这个认知，他提出："所有的推理，所有的证明，以及所有非自明真理的发现都包含有归纳及归纳的解释，我们所有非直觉的知识无一例外都是通过归纳得来的。"所谓归纳，就是"发现和证明普遍命题的活动。"穆勒将归纳法看作一种思想活动、一种活动过程，并提出只有归纳法才能使我们从已知走向未知。通过对完全归纳法的考察和简单枚举法的批评，穆勒在《逻辑体系》中提出寻求现象间的因果关系和归纳模式，也就是包括求同法（the method of agreement）、差异法（the method of difference）、共变法（the method of concomitant variations）与剩余法（the method of residues）的实验四法（邓庆生和任晓明，2005）。后人将求同法与差异法结合起来，提出了同异并用法，这五种方法合称穆勒五法。穆勒方法的前三者分别是培根的"三表法"的一种较严格的表述，而剩余法是培根所未提过的。穆勒五法进一步丰富与发展了培根的三表法，将归纳与演绎结合起来，进行统一的研究，为古典归纳逻辑奠定了基础。

　　但是就在归纳的研究不断取得进展的时候，休谟（David Hume）在《人类理解研究》等著作中对归纳的合理性提出了质疑。休谟认为，归纳推理既不能先验地从前提逻辑中推出，同样也不能后验地推出，而是不得不从心理的偏向来说明。也就是说，归纳的思维过程是人们根据过去的经验进行推理，并且还要相信它对将来也有效，但这一信念却仍是归纳的，还有待证明，这样就陷入了循环论证（邓庆生 等，2005）。"休谟问题"几乎成为对归纳研究的一种致命性责难，解决休谟所提出的责难、论证与对待归纳推理的合理性与或然性，导致了现代归纳逻辑的形成和发展。首先要有一种妥善的方式来解释归纳的合理性，用或然性来代替必然性，所以概率的概念被引出了，于是出现了概率逻辑。与休谟几乎同时期的贝叶斯（T.Bayes）认为，我们可以根据已知的事实或论据推出事物本身所固有的概率，即先验概率，根据结果推断成因，经过不断修正，从而逐步逼近，使之缩小到适当的范围内，这是对休谟问题所提出的一种解决方案，并由此划分为承认先验概率的贝叶斯派与不承认先验概率，只从统计的意义上来解释归纳，对归纳概率给出频率的解释的非贝叶斯派。在这个时期，由于归纳推理的概然性和概率概念与数学上概率论的发展，哲学家、逻辑学家与科学家们将归纳的逻辑必然性改变为可能性、概然性，然后用概率论来处理。

现代归纳逻辑的创立者是美国经济学家凯恩斯（J.M.Keynes）。凯恩斯于 1921 年在他的著作《论概率》中第一个提出概率逻辑公理系统，他将归纳分析为相似于纯归纳两种既考虑证据的数量，也考虑其质量的重要作用，将这些结合起来才能进行归纳推理。设在某些证据 a 的基础上，某假设 h 以某概率值 p 成立，则表示为 $a/h=p$。他对概率给予逻辑的解释，认为上述关系是一种逻辑关系，而且承认先验概率的存在，这开辟了概率逻辑这一重要分支。莱欣巴哈（Hansreich Enbach）在 20 世纪 30 年代提出了对概率给出频率解释的系统，他将证据系列（证据集）与作为假设的命题系列（命题集）之间建立概率蕴含关系，而对概率则用统计的频率加以解释。他将归纳推理的证明替换为一种认定，归纳推理是一种与概率度相关的渐进认定。

现代归纳逻辑中具有重大影响的是 20 世纪 50 年代有卡尔纳普（Rudolf Carnap）提出的概率逻辑系统。他在评述以前工作的基础上，强调概率的逻辑解释，并试图用演绎的方法来处理归纳。他在《概率的逻辑基础》*Logical Foundations of probability* 一书中给出了一个语言系统，这是一个带等词的一元谓词逻辑系统，然后利用状态描述（state-description）来确定归纳命题的真值，用部分蕴含来外延地处理归纳推理的概然性（刘凤璞，1991）。这个系统实际上是一种归纳的演绎化，但是这个系统在理论与实践上都遇到了困难，由于这些困难日益凸显，所以他后来提出了归纳方法的连续统概念——λ 系统。λ 作为归纳方法的特征值，对于任意值，对应着一种归纳方法，处理一类特殊的归纳问题。但是，对于卡尔纳普的系统来说，无限全称命题的确证度为 0，这仍是难以处理的难题，直到 60 年代，他又从客观归纳概率转向主观概率的研究。

还有很多的研究者都认为对归纳推理的研究不能离开主观心理因素。贝叶斯在研究先验概率的同时最早提出了强调主观因素作用的私人主义思想，其后的代表人物有拉姆塞（F.P.Ramsey）、菲内蒂（de Finetti）及杰弗里（R.C.Jeffrey）等人，他们提出证据 e 对于假说 h 的合理置信程度。他们的工作形成了概率逻辑中的私人主义理论（personalist theory），或称为主观主义理论（subjectivist theory）。概率逻辑作为现代归纳逻辑的一个主要分支，并不是只有从事归纳研究的学者才注意的。实际上，对演绎推理、数理逻辑起奠基性作用的莱布尼兹（Gottfriend W.Leibniz）与布尔（George Boole）等人也对归纳研究中如何引入概率概念、如何进行形式化的研究进行过探讨。到了 20 世纪 20 年代，几乎与概率逻辑形成同时，布洛德（Broad）与赖特（G.H.von Wright）等人先后提出了条件句逻辑。他们对穆勒五法进行了条件分析，找出与因果联系相关的必要的与充分条件，然后运用数理逻辑的形式化方法加以研究与处理，给出过相应的形式化条件句逻辑系统。

总而言之，现代归纳逻辑作为归纳逻辑与现代数学（特别是统计数学）、现代逻辑（特别是数理逻辑与哲学逻辑）相结合的产物，它是多个分支、多类系统的一个总称。肯默里（J.G.Kemeny）、辛迪加（J.Hin tikka）等人对卡尔纳普的概率逻辑中关于全证据条件所做的一些修正工作。柯亨（L.J.Cohen）放弃从整体上来处理归纳逻辑，转向局部性的部分处理，他认为证据对假设的关系很难以用概率来加以量化，而只能针对不同类型的归纳，研究其支持的程度。归纳逻辑发展到今天，今后仍会继续发展。在数学中，数学结论的形成，一般是通过运用基于一个集合的归纳推理，或者运用基于两个集合的类比推理得到的。

（二）类比推理的历史回顾

类比推理同样有着灿烂的历史，甚至在实践中的运用范围更加广泛。在希腊语中，"类比"是比例的意思，用来表示数字之间的关系。亚里士多德将类比推理称为"例证"，将之定义为"当大词这个端词显示出属于中词是由类似第三个词（小词）的一个词（证明）就是例证。还必须知道，中词属于第三个词，第一个词（大词）属于类似第三个词（小词）的一个词。"（王仁法，2017）接着，亚里士多德还用"雅典和底比斯战争""底比斯和佛西斯战争"的例子阐述了这种推理的过程（王仁法，2017）：

B（和邻国的战争）属于 C（雅典和底比斯战争）= C 是 B

B（和邻国的战争）属于 D（底比斯和佛西斯战争）= D 是 B

A（坏事）属于 D（底比斯和佛西斯战争）= D 是 A

A 属于 B 通过 D 证明 A 属于 C = C 是 A

然后，亚里士多德给出了"例证"是具体形式表达：

$$\frac{C \text{ 是 } B}{C \text{ 是 } A}$$

D 是 B、A

亚里士多德对上述论述做出了总结："这样，很明显，例证所描述的关系，不是部分对整体或整体对部分，而是一个部分对另一个部分，二者从属于同一个一般的词项，和其中之一是已知的"（王仁法，2017）。亚里士多德虽然给类比推理做出了定义和举例论述，但他对类比推理并没有非常重视。

相比而言，中国古代的先秦诸子百家以及之后的许多流派，对类比推理的研究和应用还是非常丰富的。古代人最先发现的是比喻推理和类比推理，最常用的也是这两种形式（刘培育，1992）。我国说理性文章大多都采取类比的方式来阐释论点，《古文观止》中记载的《邹忌讽齐王纳谏》一篇中就有这样的表达：齐国的邹忌貌美，他问他的妻子、妾和客人，都说城北的徐公不如他美州，郑第二天，邹忌见到了徐公，自愧不如，接着邹忌进行了反思，认识到妻子赞美他是因为爱他、妾赞美他是因为怕他、客人赞美他是因为有求于他，所以邹忌上朝对君王说了这件事，提醒齐王要小心人们的恭维所造成的耳目闭塞之害。邹忌的思考就是根据事物之间的相似或相关之处进行类比的。

中国古代的类比推理最早见于《周易》。《周易》为类比推理奠定了基础，但是《周易》中的类比推理带有一定的演绎性质，得出的结论较传统的类比推理可靠性高（王仁法，2017）。其中阴爻代表柔顺，阳爻代表刚健，由此构建的八经卦、六十四重卦，除了代表天、地的乾、坤两卦之外，其他卦象均为'负阴而抱阳'，这些卦象，可以类物之情、尽事之理（周山，2007）。墨家通过对事物之间的类同、类异关系的考察，构建了系统而丰富的类推理论，首次提出了"察类明故"命题，将其运用于论辩之中，将中国古代的类比推理研究推向了顶峰。类比推理是在类的基础上进行的，名家们着重从"类"的同与异的统一、"类的转化"等来把握"类"范畴，儒家的孟子就十分善于运用比喻式类推的方法来论证复杂的问题，例如，他用揠苗助长的故事说明"养浩然之气"既要付出辛苦，又需要符合自然规律。经过长期的历史发展，类比推理已经发展出了多种形式和方法，比如因果类比、对称类比、仿生类比及综合类比等。从本质上来说，类比推理的逻辑过程是两个集合中元素具有相同的属性，如果一个集合的元素具有某种性质，推断另一个集合的元素也具有这个性质，类比与归纳都是通过经历过的东西推断没有经历过的东西，因此在本质上，类比属于归纳推理的范畴（史宁中，2016）。

（三）归纳与类比在数学中的应用

归纳和类比是数学发现与创新的一种方法，正如数学家拉普拉斯（Pierre Simon Laplace）所说的："数学本身赖以获得真理的重要手段就是归纳和类比"（徐树道，2001）。数学中的许多公式、定理的发现都离不来归纳和类比，数学家欧拉（Leonhard Euler）通过三角方程和代数方程之间的类比，发现无穷级数之和。波利亚（George Polya）曾经说过："没有这些思路（普遍化、特殊化和类比通用的基本思路），特别是没有类比，在初等或高等数学中也许就不会有发现。"开普勒（Johannes Kepler）说过："其实，我们应当运用几何的类比方法，……它在几何学中更应当得到重视"（史宁中，2016）。在数学的教与学的过程中，经常在数与式、平面和立体、一维与多维、低次与高次、相等与不等，以及有限与无限之间进行种种归纳和类比。通过类比，将复杂的问题简单化，从对简单问题的解决中得到解决复杂问题的方法。类比在解题中具有启迪思维的作用和意义，哲学家康德（1972）曾说：

"每当理智缺乏可靠论证的思路时，类比这个方法往往能指引我们前进。"

当人们面临一个比较陌生的问题时，往往会想到一个比较熟悉的问题作为类比的对象，熟悉问题的解决方法往往可以给陌生问题以启发。正如波利亚（2001）所说："类比是一伟大的引路人。"比如，在日常生活中，人们遇到的物体形状都是三维的，为了研究方便，又把三维的物体形状通过抽象，表现在二维的平面上。多维空间只能凭联想，因为我们根本没有关于多维空间的经验，联想的方法就是类比。比如，在一维空间通过数轴表示两个点，定义两点间的距离为两个点坐标差的绝对值；在二维空间，用平面直角坐标系表示两个点，用勾股定理定义两点间的距离；类似地，在三维空间利用空间直角坐标系表示两个点，用推广了的勾股定理定义两点间距离。基于这样的经验，对于一般的 n 维空间，人们通过联想构建 n 维空间直角坐标系，并且把点与 n 维数组对应，得到一般化的勾股定理，进而定义距离。这种表示完全是形式化的，凭借的就是联想和类比。通过形式化的定义，人们可以一般性讨论那个看不见、摸不到的 n 维空间中的几何问题。

归纳和类比两种推理的运用，需要丰富的知识和丰富的想象力，经过归纳或类比得到的结论需要演绎推理的证明才能被确认其真假。对于中学生来说，由于知识结构、数学观念，以及各方面能力和经验的限制，常常会在遇到问题时感到困难。为此，教师在教学过程中应当多加演示和指导，加强师生、同学之间的交流，注意数与式、平面与立体、一维与多维、低次与高次、相等与不等，以及有限与无限之间的归纳和类比的典型例子，强调归纳和类比的作用与意义，加强相应的启发与练习，以此培养创造能力和创新意识。庞加莱猜想是数学中的类比运用典范。庞加莱（Jules Henri Poincare）发现，球面上任意的闭曲线都可以不离开球面地逐渐收缩为一个点，他称具有这样性质的闭曲面为单连通，于是进一步猜想这个性质对于四维空间中的三维闭曲面也是成立的，也就是说，三维单连通闭流形必然与三维球面通胚，这显然是基于类比的推理（史宁中，2016）。庞加莱 1904 年提出这个猜想，后来把这个猜想推广到任意 $n+1$ 维空间的 n 维闭曲面。许多拓扑学家深入研究了这个问题，直到 100 年后的 2003 年，才由俄罗斯数学家佩雷尔曼（Grigory Perelman）最终完成了这个命题的证明。

归纳和类比作为有逻辑的推理，需要以经验材料作为基础，由经历过的东西推断没有经历过的东西的推理，因此对于发现和创新有重要的作用和意义。通过这个推理过程可以看到，基于类比的推理是有逻辑的，虽然得到的结论不一定正确，但与归纳一样，这样的推理是创造的基本手段。

第二节　国内外学生逻辑推理素养相关研究解析

逻辑思维素养是学生应具备的、能够适应终身发展和社会发展需要的必备品格和关键能力（中华人民共和国教育部，2018），关于逻辑思维的培养是世界各国基础教育阶段的重要教育目标（何璇，2019）。研究表明逻辑推理能力强的青少年学习起来更高效（王光明 等，2017），以及从逻辑角度出发的教与学能够让学生对知识的理解更加透彻、把握更加清晰，不从逻辑角度出发的教与学，则容易让学生产生遗忘和混淆（NCTM，2009）。我国在新一轮的课程与教学改革中更是突出强调了发展学生的逻辑思维素养，并体现在了基础教育阶段的各个学科当中。

一、关于逻辑思维发展特点的相关研究

学生逻辑思维发展需符合个体心理发展客观规律。皮亚杰（1981）认为义务教育阶段学生思维从"具体运算阶段"逐渐过渡为"形式运算阶段"，但苏联心理学家彼得罗夫斯基（1980）认同 11、12 岁到 15 岁产生假设－演绎思维时期的理论，但否定了该过渡可以作为儿童与青少年的分水岭，提出一定思维运算的掌握不能与教学分开讨论。朱智贤和林崇德（2002）提出发现初中和高中分别是思维发展的关键期和成熟期。几乎所有研究都表明中小学生的逻辑思维素养随年龄增长逐渐提升，但不是呈直线趋势，各学科（主要是理科）关于中小学生逻辑思维发展的测查也验证了这一点。刘鹏飞（2015）通过对义务教育阶段学生数学方面的测试发现：小学三、四、五年级学生的逻辑思维基本一致，六、七、八年级学生发展基本一致，但这两个阶段的差异明显。王晓晴（2019）通过对初中生生物方面的测查，发现

初中生的理性思维比较初级，综合分析意识薄弱。

逻辑推理的测评一直是备受关注的研究内容，测评方法一般是经典测量理论、项目反映理论和认知诊断理论。绝大多数对学生逻辑推理的测评都采取了描述统计的方式，通过编制试卷、划分水平、问卷调查及描述统计分析等过程来评价学生的整体能力水平如何、是否有显著性差异（魏昕 等，2011）。《标准（2017 年版）》提出素养的四个表现方面是：情境与问题、知识与技能、思维与表达、交流与反思，有研究基于项目反应理论，根据四个表现方面设计试题，应用双参数 Logistic 模型计算各题的区分度、难度，对被试能力进行估计（于川 等，2018）。随着基础教育质量监测工作的开展，考试诊断功能越来越被重视，因此强调诊断性测验的编制（王立东 等，2016；王烨晖 等，2018）。国际上关于素养的测评影响较大的主要是 PISA、TIMSS 和 NAEP，测评对象均为义务教育阶段学生，均根据 IRT 评定成绩，不单独汇报单个学生，而以整体形式，按照等级分数方式进行报告。其中，PISA 在题目设置上，对题目情境的真实性要求极高，考查学生能否在具体情境条件下运用自身的知识和能力来解决问题；TIMSS 和 NAEP 注重对具体知识、概念和技能掌握程度的测评（王娅婷 等，2017）。Tatsuoka 将数学能力属性划分为内容属性，过程属性，技能属性三个维度，给出 TIMSS 测试的 RSM 评价标准（Tatsuoka 等，2008）。

二、关于逻辑思维影响因素及影响机制的相关研究

建构主义理论认为，学习环境的情境不合适（丛孟晗 等，2017），师生、生生之间缺乏合作与交流等因素，是制约学生逻辑思维素养发展的原因。教师作为学习环境的创设者，学习过程的指导者、参与者和促进者，必须懂得逻辑（王庆英，2000）。然而，受传统教育观下以知识为本的教育理念影响，基础教育阶段各学段各学科的教学内容和教学方法都弱化了逻辑的重要性（史宁中，2018），对中小学教师的逻辑教育也比较薄弱（郭佳宏，2003）。

表 1-1 学生逻辑思维素养的影响因素

影响因素	主要观点
内部因素	师生对逻辑的认识与态度、师生进行教与学的方式，是影响逻辑思维素养发展的重要因素。Abruscato（2000）研究发现，知识是在与其他学科专家合作进行的逻辑推理过程中逐渐建立起来的，相应的教学必须反映这一规律，强调与他人进行科学发现的过程，（Hogan 等，2005）教学中必须为学习者提供足够的讨论时间和空间（Greeno，1992），深度融合信息技术（史宁中，2019），让学生在活动过程中逐渐形成和发展素养（史宁中，2017）吴家国（1996）。指出大、中、小学生整体逻辑思维水平不高，传统思维方式的影响是制约学生思维发展的重要因素，具体表现为语文等文科注重形象和直观因素，忽视抽象逻辑思维；而数学等理科注重演绎推理而忽视归纳和类比的重要作用。有学者认为逻辑推理就是演绎推理，归纳推理和类比推理由于结论的或然性，被认为没有逻辑（蔡闯 等，2005），这类因认识和态度导致的教与学方式的选择都会影响学生的逻辑思维发展。此外，有学者为探索青少年创造性想象和推理的脑电特征，对青少年的想象与推理的大脑诱发电位进行观测，发现发展青少年的创造性思维应注意时间和方式，研究表明创造性思维的心理发展特点包括情感化的表象体验、认知性的概象推理和综合性的意向思维这三大内容，而这三个阶段同人的少年时期、青年时期和成年时期相对应，应当在青少年早期强化表象体验和感性塑造活动，而在中期应当强化想象式推理和知性建构活动，在后期强化青少年的意象统摄性全息思维与理性修养活动（林正苑 等，2003）。
外部因素	良好的评价体系是影响逻辑推理素养在中学课堂教学的落实程度的重要因素。Henkel（2000）研究发现政策推动对教师包括学术的专业性以及关于学术的价值观具有强制性。Tümkaya 和 Aybek（2009）认为，在当代教育体系当中，影响思维发展的因素包括儿童出生、成长和独特的社会文化。因此，政策的导向在教育功能、评价理念及评价模式上都有着重要的引领作用。评价方式正在变革，思维认知能力的考察被放在非常

续表

影响因素	主要观点
外部因素	重要的位置上（教育部，2020），对各学科情境的设置提出了符合认知、联系密切、有利探索等要求。这样，在政策的引领下，适合学生个性发展的教学方式、科学的教育评价方式都会逐一建立和实施。这对中小学教师在课堂教学当中选择合适的情境，提出合适的问题，鼓励学生与教师和同学交流，在经历独立思考的过程中形成和发展逻辑思维素养有非常重要的积极作用。

　　将上述研究中的影响青少年思维能力的各种因素进行归纳和总结，可以梳理出学生的人格特征与推理能力有着密不可分的关系，还能发现在学生推理能力的发展过程中教学因素起着极其重要的作用，并且人格特征的形成也离不开教学的干预。这样的话，采取合适的教育方式来发展青少年的思维就极为重要。研究者们通过对中学生推理能力的测试，发现命题内容对青少年的条件推理有影响，这也说明了合理命题、科学命题对准确度量中学生推理能力水平的重要性；对小学生而言，图式教学对培养学生的推理能力更有利；对同一年龄段的青少年而言，推理能力在性别上的差异不显著；学生更擅于完成直观的或可以进行运算的题目，对需要猜测的题目则不太熟悉和擅长；如果经常锻炼身体，可以使人们更善于运用类比推理；同时，推理能力强的青少年学习起来更高效。

　　种种研究都表明推理能力能够培养并且必须培养，同时善于推理的青少年又可以更高效地学习，因此如何对青少年的逻辑推理能力进行有效的教学干预，是教育研究者们必须非常关注的重要问题。

三、关于逻辑思维发展策略的相关研究

　　发展学生的逻辑思维素养是教育的最高目标之一（郝一江 等，2018），国内外的学者在探明教学对学生思维发展的干预方面都有着丰硕的成果。

　　在国内，研究表明在教学进程上，应遵循学生发展规律（王庆英，2000）。有学者基于问题解决的过程，从推理的清晰性和条理性、创造性、

有效性、反省性及灵活性五个层面，区分数学推理能力的五个结构要素和六个水平（吴宏，2014）；也有学者基于论证图式理论，提出以学生主导、小组讨论为主要形式的课堂教学模式，通过促进学生的批判性思维的发展，从而培养"集体智慧"（郑明璐 等，2014）；还有调查表明，高中生的数学类比推理能力比较低，概念类比能力高于运算关系类比、升维类比、思想方法类比、同构类比，其中思想方法的类比能力最低；高中生的类比推理能力发展不平衡，具有层次性和阶段性；并且评价的制度也影响着学生类比推理能力的发展（涂朦，2012）。在教学情境上，应尽可能创设生活化的情境（庄玲，2019）；在教学内容上，丁邦平（2001）通过比较研究发现中美两国科学教育存在差异，在课程与教材方面，美国采用综合性的教育，而中国实行的是分科教学；应筛选出利于学生进行建模的内容（王晓晴，2019），改善教材的逻辑编排（刘建平，2017），体现学科特色（刘承德，2019）。在教学方法上，丁邦平（2001）通过比较研究发现美国的中小学教师在课堂中通常倾向于采用归纳推理的方法，注重学生的实验和操作活动，而我国中小学教师则多采用演绎推理的方法，注重书本知识的学习，学生在学习地位上处于被动的位置。因此建议我国的科学教学应当以学生为中心，激发学生学习的创新精神；陈刚（2001）通过研究穆勒五法在科学研究中的运用，发现许多经验定律和公式都要借助归纳法，因此提出教学方法上要注重归纳法的启发式教育；也有学者通过课堂观察和教学实践，提出"具体特例——一般规律—具体特例检验"。这种模式容易使学生产生思维定式与认知误区，按"破题—尝试与猜测—结论一般化"的模式进行数学归纳推理的教学更有利于学生创新思维的发展（王瑾，2011）；应注重多样性与启发性（许锦云，2011）；在教学评价上，应注重政策导向和社会意识（刘张华 等，2019）。

国外学者跟我国的相比，比较有特色的方面是时间跨度较大的长时段跟踪研究。有学者以代数为例探究抽象数学推理的发展，因为代数通常代表学生首次遇到抽象的数学推理。研究的目的是调查学生解决简单代数方程的能力的发展轨迹，研究者选取了13和17岁之间的311名学生进行了方程重排的计算机化测试，分别测试了方程由未知元素和另外两个元素（数字或字母）组成，以及乘法或除法的操作。研究结果表明，年龄较小的学生在求解具有字母的方程中的准确性和速度都不如方程组具有数字的。对于年龄稍大的参与者（16～17岁），这种差异消失，这表明他们达到了抽象的推理水平。平均来说，15～16岁的儿童在解决代数问题的时候，是从使用具体策略发展到使用抽象策略的。（Ana Susac 等，2014）还有学者为研究青少年数学推理能力的性别差异对他们的未来工作和生活产生的影响，在1 975名13岁的具有数学天赋的青少年中，选取了名次在前1%的青少年，对他们进行了为时长达20年的随访，研究结果显示数学推理能力早期的性别差异确实预示了差异化的教育和职业成果。他们报告了20年后的职业方向和整体成功的达到程度和满意度，结果显示青少年的数学推理能力早期的性别差异符合他们对无机学科与有机学科偏好的性别差异的函数，也同样符合他们是以职业为重点还是更倾向于平衡的生活的差异。研究结果表明，由于能力和偏好的差异纵向稳定，男性在某些学科中的表现可能会更多，而女性在其他方面可能会更多地处于较高地位（Camilla Persson 等，2000）。

将上述有关青少年逻辑推理能力的教学研究进行归纳，可以总结出以下几点。

（1）从学生的角度讲，青少年的思维能力随着年龄的增长而不断提升，但是对于15到16岁的青少年来说，他们的思维正从具体向抽象的阶段发展，而16～17岁的青少年已经能够达到抽象推理水平。青少年的数学能力存在着性别差异，而这种差异能够预示未来他们的职业选择和生活规划。创新思维包含着三大内容，而这三大内容对应着人成长的三大年龄阶段。因此要对青少年的思维能力进行干预，要符合青少年的年龄特征和心理特征。

（2）从教学的角度讲，归纳式的教学对启发式教育更有利，但是教师在教学当中却不太善于应用归纳式的教学。究其原因，一方面，归纳推理无法在结果教学中培养，只能在过程中感悟。因此不能只注重书本知识的学习，更应当重视学生的实验和操作，但是受课时紧张以及评价制度等众多因素的制约和影响，归纳式的教学不易实施；另一方面则是因为教师们缺少成功案例和恰当的模式。

（3）从教材的角度讲，我国的现行教材中虽然加入了归纳推理与类比推理的内容，但是教材中知识的呈现方式还是有待改善的。

逻辑推理素养的形成和发展是学生进一步形成创新意识和批判性思维的重要途径，是学生在进一步学习和工作中形成自主性学习的基础。在当今课程与教学改革的大潮中，我们应该进一步对高中阶段的逻辑推理素养的理论和实践研究加以完善，使之符合时代素质教育的要求。

第三节　研究问题的提出及研究方法

由前面的回顾可以看出，古今中外的教育教学都十分注重逻辑思维的培养，从中也能够看出逻辑推理素养的价值和重要性。然而，我们有关逻辑推理素养的相关研究大多是采取实证的方法来进行调查和测试，来区分学生能力水平的高低，但没有结合逻辑推理素养的构成要素来刻画学生在每一水平上的表现，也没有结合具体的教学内容来给出有操作性的教学模式。

一、研究问题的提出

推理是理解世界的钥匙，有逻辑的推理是认识事物和知识的基础。《吕氏春秋》有云：有道之士，贵以近知远，以古知今，以所见知所不见，审堂下之阴，而知日月之行，阴阳之变，见瓶水之冰，而知天下之寒，鱼鳖之藏。这段话实质上就是说，有道之士善于推理，能够有目的地根据已知的事情，有逻辑地推断出未知的事情，从而未雨绸缪，做好决策或准备。我们在进行创作、学习以及劳动等活动的过程中，时时刻刻都能展现出思维的魅力。人们的思维是非常迷人的，恩格斯（1972）将"思维着的精神"称作"地球上最美的花朵"。古往今来，人们在认识世界和改造世界的同时，也在思索着人们思维的过程和方式。杜兰特（2004）在《哲学的故事》中写道："逻辑学是对思维及其理性方法的研究：观察与内省，演绎与归纳，假设与检验，分析与综合——这些都是逻辑学试图理解和指导的人类活动的形式。"对于高中数学课程而言，发展学生逻辑推理素养的目标贯穿课程始终。

现有的研究成果为如何培养高中生的逻辑推理能力提供了很多宝贵的

经验，将之进行简要概括，大致可以分为以下几点。

第一，心理学家和教育学家将影响中学生思维发展的各种因素以及中学生在不同阶段的思维发展程度作为研究重点，尤其关注青少年的思维发展特点以及有无性别差异等问题，研究肯定了教学能够干预青少年的思维发展；

第二，如何通过教学干预，对青少年的思维发展起到积极作用。从研究内容上来看，关于思维发展与推理能力的研究还是很丰富的，事实上这些研究也从不同侧面支持了《标准（2017年版）》提出的培养学生数学逻辑推理素养的教育目标。在研究方法上，大多数的研究采取实证的方法来进行调查和测试，用数据说话，这样能够确保研究结论在一定程度上的正确性。

但是一方面，实证研究是不能离开理论指导的，但目前缺乏针对高中生的逻辑推理能力思辨性的论述，也缺少高中生逻辑推理能力的框架和维度的构建，因此相关的实证研究也是有待完善的；另一方面，通过定量研究进行数据分析得到的结论，也需要通过定性研究进行描述，从而使研究结论得到补充和完善。

数学逻辑推理既是一种思维过程，那么明白了哪些事情，才可以说是形成和发展了逻辑推理素养呢？1999年，著名数学家 Lynn Arthur Steen（1999）为 NCTM 年刊撰写了一篇题为"关于数学推理的20个问题"的文章，此文中提出了一系列的质疑性的思考。该文章提出的第一个问题就是："数学推理是数学的吗？"《标准（2017年版）》希望通过培养形成学生的逻辑推理素养，由于素养是可后天教育的、可观察和考核的，在特定情境中表现出的知识、能力和态度，这就对学生的数学逻辑推理素养的测量提出了巨大的挑战。荷兰乌得勒支大学教授 De Lange Jan（1992）发表的《重塑评估实践：挑战下的数学科学的评估》（*Assessment: No change without problem*）中提出评估应当面对现实世界中的问题与应用，不同的问题需要放在不同的语境中使用各种变量来综合考虑，因此测量的形式必须更加复杂和多样化，这也是目前评估的困难之一。那么，在基础教育阶段的数学教育中，如何度量高中生的数学逻辑推理素养，又怎样说明这种度量的合理性呢？再进一步，怎样的教学策略有利于发展高中生的逻辑推理素养？以上这些问题都亟待回答，但是最根本的问题，就是依据《标准（2017年版)》对数学逻辑推理素养内涵与外延的表述，弄清楚明白了哪些事情，才可以说是形成和发展了逻辑推理素养，也就是说，要弄清数学逻辑推理素养的关键要素是什么，以便指导教学。

基于以上表述，面对新一轮的课程与教学改革，有关高中数学逻辑推理的理论与实践的研究均需进一步完善，因此有必要对高中数学课程中的逻辑推理及其教学策略进行全面与深入的研究。

首先，培养学生的逻辑推理素养需要丰富其理论内涵。《标准（2017 年版)》提出，希望通过高中阶段的数学学习，使学生能够运用数学的眼光观察世界，运用数学的思维思考世界，运用数学的语言表达世界，而数学的思维基础就是逻辑推理（史宁中 等，2017）。逻辑推理包括两种推理形式，分别是范围从大到小的演绎推理和范围从小到大的归纳推理。归纳推理是根据经验过的东西推断未曾经验过的东西，因此培养学生的归纳推理能力对发展学生的创新意识非常有利，因为创新就是思考别人没想过的问题，提出别人没有提出的好主意。《标准（2017 年版)》提出在培养学生思维严谨性的基础上，发展学生的创新能力和应用意识，然而培养学生的数学逻辑推理素养在理论和实践层面还存在着空白。一方面，一线数学教师在理论层面上对提出逻辑推理素养的出发点缺乏认识；另一方面，教师在教学中也缺乏培养学生核心素养的理论基础和有效的教学策略。

其次，培养逻辑推理素养需要结合学生的思维发展水平。《标准（2017年版)》第一次提出了演绎推理、归纳推理及类比推理这三种推理形式都是有逻辑的推理，所以有必要通过了解高中生在这三种推理的层次水平，来了解学生的逻辑推理素养所能达到的水平。在理论与实践相结合的层面上，进行定性与定量相结合的实证研究。为了合理地设计高中生数学逻辑推理素养的调查试卷，需要在《标准（2017 年版)》给出的逻辑推理含义的基础上，弄清楚高中生数学逻辑推理素养的维度和层次水平划分是什么。基于这样的考虑，经过与数学教育专家和一线数学教师反复讨论设计试题，再通过多次测试确定正式试卷，对 805 名高中生进行测试，将测试结果进行数据分析，以此反映高中生数学逻辑推理素养的层次水平。

此外，高中数学教师在培养学生逻辑推理素养方面也缺少行之有效的策略。高中阶段老师们完成教学任务本就十分紧张，在传统教育观念和升学压力的双重影响下，还需要留时间让学生多记忆、多练习，这就导致在课堂中没办法留足够的时间给学生，让他们去思考和经历。这样的情况如果长此以往发展下去，对学生创新能力和应用意识的发展是极为不利的。欧拉曾说过："今天人们知道的数学的性质，几乎都是由观察发现的，早在严格论证其真实性之前就被发现了"（波利亚，2001）。开普勒认为："其实，我们应当运用几何的类比方法。我珍视类比胜于任何别的东西，我这最可信赖的老师能揭示自然的所有奥秘"（史宁中，2016）。数学的结论大多通过归纳和类比获得，所以对这两种推理的培养有利于使学生在做数学的过程中形成直观。为了帮助学生建立直观，让学生感悟数学的思想，积累数学基本活动经验，就需要教师在授课的时候，创设合适的情境，提出合适的问题。本书通过对逻辑推理素养的理论与实践的研究，在了解高中生逻辑推理素养所能达到的水平基础上，通过课堂观察和教学实践，提出有操作性的课堂教学模式，并进行案例分析，在这个基础上，为教师在教学过程中培养高中生的数学逻辑推理素养提供借鉴和参考。

本书对高中数学课程中的逻辑推理进行深入的理论研究，弄清楚数学逻辑推理素养的关键要素是什么，同时对高中生逻辑推理素养的水平进行测试，这有利于高中数学课程标准修订的进一步完善，也为实际教学中的教学设计与实施提供参考。

二、研究方法

本书采取多种研究方法相结合的研究方式来进行研究。

首先，本书采用文献研究的方法对已有的文献进行综合研究，了解前人研究的成果，进一步明确研究目标。

其次，本书使用问卷调查，通过对高中各年级学生的测试，分析出高中生数学逻辑推理素养的层次水平。

另外，由于本书涉及教学策略研究，因此研究会结合具体的内容，通过课堂实践来探索高中生逻辑推理素养的策略。

在下一章将详细介绍研究设计及研究过程。

第二章　研究设计与过程

通过对相关文献的梳理，本章回顾了逻辑推理与数学逻辑推理的发展历程，确定了逻辑推理的基本形式包含了从一般到特殊的演绎推理，还包含了从特殊到一般的归纳推理和类比推理。《标准（2017年版）》明确提出培养高中生逻辑推理素养的要求，将《义务标准》中的演绎推理与合情推理统一修订为逻辑推理，本章将对《标准（2017年版）》这样修订的重要性和必要性进行探讨。进一步，为了落实培养高中生逻辑推理素养的要求，教师的教学设计与实施、评价的方式与命题的形式都需要做出相应的调整。因此，本章将首先了解高中生逻辑推理素养所能达到的水平，并结合实际教学中的课堂观察和教学实践，提出有操作性的教学模式，为培养高中生逻辑推理素养的教学提供建议。

第一节　研究设计

本书主要包括三个部分。

第一部分的研究内容是弄清楚《标准（2017年版）》将《义务标准》中合情推理与演绎推理统一修订为逻辑推理的原因，构建数学逻辑推理的维度和水平，明确逻辑推理素养的关键要素；第二部分的研究内容是通过对高中各年级学生的测试，分析出高中生数学逻辑推理素养的层次与水平，也为高中生逻辑推理素养的测量提供参考；第三部分的研究内容是通过对现行人教 A 版高中数学教材的梳理，弄清楚高中数学教材中关于数学逻辑推理素养的内容是以怎样的方式组织和呈现的；通过课堂观察和教学实践，提出有操作性的教学模式。下面分别表述以上三个部分的研究设计。

第一部分是根据文献分析展开的。这个部分的研究涉及了以下两个问题：（1）构建数学逻辑推理素养的维度及层次水平；（2）明确数学逻辑推理素养的关键要素。

构建逻辑推理素养的维度及层次水平。虽然《标准（2017 年版）》对逻辑推理素养的水平划分提出了建议，但这个水平划分并没有区分出清晰的维度，表述也比较笼统，除了与其他素养的表述有一些交叉之外，详细表述还涉及"理解"等行为动词，容易与《义务标准》中的行为动词所隐含的含义相混淆，也不利于测评。这一部分需要在《标准（2017 年版）》表述的基础上，把逻辑推理素养进行维度划分，查找哲学、逻辑学、心理学及教育学的相关文献，从认知的角度构建逻辑推理素养的层次水平。

明确数学逻辑推理的关键要素。《标准（2017 年版）》提出了培养学生逻辑推理素养的教育目标，其中也描述了逻辑推理的主要要求和具体表现，但为了教师能够在数学教学中有机地融入逻辑推理素养，需要把逻辑推理素养具体化，赋予内涵。因此，需要明确数学逻辑推理的关键要素，也就是说，需要明确明白了哪些事情，才可以说是形成了逻辑推理素养。这样，研究从梳理逻辑推理的相关文献开始，推理的对象是命题，命题中隐含着研究对象的定义，所以需要结合定义、命题、推理之间的关系，把握学生的思维过程，丰富逻辑推理素养的理论内涵，以便在教学上培养学生的逻辑推理素养。

第二部分是先编制测试题，再试测与实测，然后进行数据分析的过程。通过对高中各年级学生的测试，分析出高中生数学逻辑推理素养的层次水平，为高中生逻辑推理素养的测量和基于逻辑推理素养的教学提供参考。

这部分的研究，将依据第一部分确定的理论框架设计测试题目，然后进行试验性的测试，并根据反馈回来的数据对测试题目进行修改和调整，最后正式测试，对测试结果进行数据分析。测试题目是根据逻辑推理的维度及层次水平框架编写的，先进行试测，根据测试结果对测试内容进行调整，接着再次试测。共经历了三次调整，确定试题后再试测，计算出试卷的信度和效度。

第三部分，这一部分是结合具体的教学内容，探讨教学策略。首先进行教材梳理，然后通过课堂观察和教学实践，提出教学模式。这部分的研究可以分为两个内容：（1）通过教材梳理，清楚逻辑推理在现行教材中的体现；（2）通过课堂观察和教学实践，为在课堂中培养学生的逻辑推理素养，提出有操作性的教学模式。

首先是教材梳理。关于推理的教材梳理或比较，大多数文献关注的是某个模块中或某种推理形式在教材中的呈现方式。《标准（2017年版）》取消了原有的"模块"设计，突出了"函数""几何与代数"及"统计与概率"三大内容主线，因此本书把梳理教材的内容确定为在三条主线中，《标准（2017年版）》确定的必修与选择性必修内容。由于素养的体现涉及"情境与问题"，因此本书进行的教材梳理也包含了定义中的情境与问题。

其次是教学策略。这部分的研究是根据建构的关键要素，通过教师访谈、学生访谈、教学实践和课堂观察进行。逻辑推理素养的关键要素述说了形成逻辑推理素养需要明白哪些事情，所以在课堂教学中应该潜移默化地培养学生明白这些事情。因此，研究中首先需要进行课堂观察，分析关键要素在教学当中的体现；通过教师访谈和学生访谈，知道教师教学当中的情况和学生对学习数学知识的态度，为教学策略的提出进行定性的补充说明；在教师的帮助下开设教学实践课，为提出有操作性的教学模式提供实践依据。

第二节　研究过程

第一章叙述了本书涉及的 5 个研究问题：（1）划分高中生逻辑推理素养的维度与层次水平；（2）确立逻辑推理素养的关键要素；（3）了解高中生逻辑推理素养所能达到的水平；（4）从逻辑推理的角度对教材进行梳理；（5）根据课堂观察和教学实践，对教学策略提出建议，并提出有操作性的教学模式。根据以上 5 个研究问题，以及基于研究问题的研究设计，本书经历了以下研究过程。

一、逻辑推理素养的维度与层次水平划分和关键要素的确立

（一）逻辑推理素养之维度与层次水平的划分

逻辑推理素养的维度与层次水平划分研究，是基于两个原则进行的：第一，《标准（2017 年版）》将《义务标准》中演绎推理与合情推理统一修订为逻辑推理的重要性和必要性；第二，逻辑推理的维度及水平如何划分。

首先，是关于《标准（2017 年版）》把《义务标准》中的合情推理和演绎推理统一修订为逻辑推理的原因。本书将从我国古代、我国近代及我国现代数学教育目的的变迁来述说这样修订的缘由和重要意义。通过对我国各阶段数学教育特点的了解，可以发现：我国古代注重经世致用，依赖的是实践积累的经验以及个人的感悟；近现代数学教育的特点是注重基础知识扎实和基本技能熟练，依赖的是书本知识的讲授以及个人对知识的理解；对于未来的教育，希望能够通过基础教育阶段的数学教育，实现智慧传递，在教育的过程中发展"四基"，形成数学核心素养。各阶段的数学教育从来没有忽略过发展学生的逻辑推理能力，但以往的逻辑推理主要指能够进行数学证明的演绎推理，并不包含归纳推理。那么，为什么《标准（2017 年版）》此次修订，一定要明确地提出归纳推理、类比推理与演绎推理一样，都是有逻辑的思维形式呢？对于这个问题，本书从《标准（2017 年版）》此次修

订的背景开始述说。

其次，是关于逻辑推理的维度及层次水平划分。划分的维度及层次水平必须要考虑到清晰性的问题，同时还要符合学生的思维规律，更要有利于测评。

《标准（2017年版）》提出，核心素养的形成和发展必须经历在过程中的学习与应用，核心素养是关键能力、思维品质以及情感、态度与价值观的综合体现。作为教育目标的核心素养最先是由 OECD 提出来的，后来又通过 PISA 对学生的素养进行考察，希望能尽可能地直接评估学生用数学去解决现实问题的能力，而不是考察在没有任何背景之下，运用抽象数学知识和技能解决问题的情况。经过历次修订，PISA 2012 将"数学素养"定义为"数学素养是个人在不同情境下形成、应用和阐释数学的能力"（凯·斯泰西 等,2017）。这个"数学素养"的解释与《标准（2017年版）》提出的"数学核心素养"的出发点是一致的，都是希望通过基础教育阶段的数学教育，使学生具备不论将来是否从事与数学相关的职业，他们都能具备"三会"——用数学的眼光观察世界、用数学的思维思考世界、用数学的语言表达世界，希望学生不仅能在学校课程范围内掌握数学知识与技能，更要形成有逻辑的思维品质，把知识学以致用地运用到现实生活当中（史宁中 等，2017）。

《标准（2017年版）》把演绎推理与合情推理统一修改为逻辑推理，基于简单推理的逻辑推理只有两类，一类是从大范围到小范围的演绎推理，一类是根据经验过的东西，推断未曾经验过的东西的归纳推理。为了便于教学，也为了尊重传统，《标准（2017年版）》把归纳推理的思维过程区分为基于一个集合的归纳和基于两个或两个以上类的类比。逻辑推理包含的推理形式主要有演绎、归纳、类比，因此把演绎推理、归纳推理及类比推理确定为测量逻辑推理素养的三个维度。高中生的逻辑推理素养有不同的层次水平，通过文献分析和实际测试，把高中生能达到的逻辑推理素养划分为三个水平。水平一是经验阶段，水平二是分析阶段，水平三是综合阶段。

（二）确立逻辑推理素养的关键要素

这部分的研究，是为了弄清楚在数学学科背景下，学生需要明白哪些事情才能够形成和发展逻辑推理素养。关键要素的确立对教学策略及教学模式的提出有指导意义，这个问题的研究过程主要经历了以下过程。

研究初期，本书确立了培养学生逻辑推理素养，需要使学生"掌握推理基本形式和规则；发现问题和提出命题；探索和表述论证过程；理解命题体系；有逻辑地表达与交流。"按照上面的表述，为了教材编写和课堂教学中能够有机地融入逻辑推理素养，需要在理论上丰富逻辑推理素养的内涵。在导师指导、研讨和文献阅读的基础上，本书认为形成逻辑推理素养，首先需要明确数学的研究对象；由于数学推理的对象是数学命题，所以发展逻辑推理素养还需要知道数学命题是怎样述说的；同时，形成数学推理素养，还必须在思维和实践上，会运用各种形式的数学推理。但是，这个表述太过笼统，关键要素中含有的程度性动词也不妥当。

随着研究逐步明朗、清晰，经过进一步阅读文献和学术研讨，本书认为教师在教学中应当结合具体的教学内容，把握学生的思维过程，才能在过程中培养学生形成和发展逻辑推理素养。首先，推理的对象是命题，命题能够被判断的前提是命题中所含的定义必须非常清晰，所以定义与命题的表达必须作为其中的一个关键要素；其次，本质上简单命题的逻辑推理只有两类，分别是演绎推理和归纳推理，所以演绎推理的思维过程和归纳推理的思维过程成为其中的两个关键要素；另外，把握定义与命题的表达、演绎推理的思维过程、归纳推理的思维过程这三点还不够，还要让学生在思维过程中，逐渐感悟逻辑推理的传递性，明白逻辑推理的一般形式。

经过研究和讨论，决定把逻辑推理素养关键要素确立为：定义与命题的表达；推理的一般形式；归纳推理的思维过程；演绎推理的思维过程。根据维度和层次水平的划分和关键要素的确立，本书确定了构建逻辑推理素养的框架，如图2-1所示。

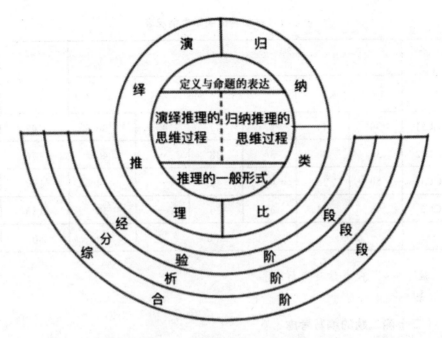

图 2-1 数学逻辑推理素养的框架

二、逻辑推理素养之测评的研究过程

（一）被试样本的选取

测试的样本来自吉林省和黑龙江省的四所学校。学校 HRB1 是哈尔滨市的一所省重点高中，选择该学校作为黑龙江省学校的代表，学校 CC1 是长春市的一所省重点高中，选择该学校作为吉林省学校的代表。两所学校均为市区教学水平较高的学校，这两所学校的学生水平可以代表重点学校高中生的水平。学校 HRB2 为黑龙江省的一所普通高中，学校 CC2 为吉林省的一所普通高中，选择的这两所学校均为所在省份的普通高中，这两所学校的学生水平可以代表普通高中学校高中生的水平。测试中共发放试卷835 份，除去空白卷和无效卷，共回收有效试卷 805 份，测试时间大约为60 分钟。

参加测试的学生情况如表 2-1 所示：

表 2-1　参加测试的学生情况表

学校	年　级						合计（人）
	高一（人）		高二（人）			高三（人）	
HRB1	39	44	37	47	44	36	247
HRB2	36	26	36	38	—	40	176
CC1	50	26	49	40	—	34	199
CC2	48	34	39	26	—	36	183
总计	303		356			146	805

注："—"代表该处无样本

（二）测试题的编写考虑

考虑到本书的研究对象是高中生，测试目的是弄清高中生逻辑推理素养所能达到的水平，所以测试内容既必须符合数学的学科背景，又必须要包含一定的知识累积。由于高中三个年级用的是同一套试题，所以还要尽量避免高一、高二、高三的学生因为所学知识限制而产生的干扰。

逻辑推理是思维过程，但是思维是内隐的，如何把内隐的思维外显出来，是设计调查试卷的重点和难点。最初设计的调查试卷还参考了公务员考试中的逻辑题目，但是逻辑题目必须被赋予数学的学科背景才行，所以需要把这类题目做数学化的改编。随着研究的进展，理论框架逐步清晰和明确，试题依据"数学逻辑推理素养的三维框架"来设计和编写，编写试题时应注意了以下两点。

（1）结合《标准（2017 年版）》对学生需掌握知识的内容和程度，合理控制题目难度。

以《标准（2017 年版）》提出的对逻辑推理素养的培养要求为依据，结合高中数学课程内容编写测试题目，合理控制题目的难度，避免题目太过简单或太过困难，给测试结果造成干扰。另外，同一套题目测试高中阶段三个年级，还应该避免没有学习到的知识对不同年级测试结果造成影响。

（2）测试题目应当尽量保证公平，难度适宜，要做到有区分度

设计的测试题目要能够有效地衡量不同年级、不同地区、不同学生群体的逻辑推理素养，这是有效测试的基本要求。不同学生有不同的知识背景，对题目的理解也有着与地域文化和个人经验相关的差异，这些差异对调查结果会有一定的影响，因此测试题目编写必须尽量避免或减少这类差异所造成的偏差。本书借鉴 PISA 测试题关于公平测试的理念，即试题不关心个人的评估结果，而是关心集体的表现。每道题对每个学生都公平是不可能的，这也并不重要，重要的是，不论被试群体对情境有着怎样的熟悉度、兴趣和关联性，都希望每一组题目对每一被试群体是公平的（凯·斯泰 等，2017）。

（三）测试题目的研制过程

试卷从研制到最终确定，经历了以下过程。

研究初期，测试框架比较模糊，测试题的编写也参考了逻辑学的相关题目，包括概念、判断、推理及论证等，但是如何把逻辑学的研究体系放在数学的背景下，是建构框架和编写试题的极大难点。这个阶段尝试编写的试卷有着非常浓重的逻辑学色彩，而非完全在数学背景下，比如下面这道题：

"你说甲生疮。甲是中国人，你就是说中国人生疮了。既然中国人生疮，你是中国人，就是你也生疮了。你既然也生疮，你就是和甲一样。而你只说甲生疮，则竟无自知之明，你的话还有什么价值？倘你没有生疮，是说诳也。卖国贼是说诳的，所以你就是卖国贼。我骂卖国贼，所以我就是爱国者。爱国者的话是最有价值的，所以我的话是不错的，我的话既然不错，你就是卖国贼无疑了！"这是鲁迅在《论辩的魂灵》中的表述，请同学们分析：上述的论辩中包含着哪些逻辑错误？

这类题目的确能够考查学生的逻辑思维是否清晰，但是其中的叙述包含着现实背景，不能构成数学命题，所以考查的并不是学生的数学逻辑推理素养，因此就把它剔除了。

随着研究的深入，逻辑推理素养的维度及层次水平确定了下来，题目的设计和编写也有了清晰的框架。研究首先确定了数学命题是可供从数学角度判断正确和错误的陈述句，这就是说，数学命题中所涉及的研究对象

必须是数学的研究对象，数学的研究对象必须是舍去了一切物理背景的。另外，数学命题必须可供判断并且仅供判断。根据陈述内容不同，数学命题可以区分为性质命题和关系命题。根据陈述形式，性质命题可区分为肯定陈述（即正命题）和否定陈述（即否命题），"逆命题"和"逆否命题"不能成为数学命题。关系命题阐述的是一些研究对象之间的关系，对于关系命题，只考虑其"条件"和"结论"的"充分必要"关系。

研究把逻辑推理分为演绎推理、归纳推理和类比推理三个维度，对高中生的逻辑推理素养进行测试，所以题目也从这三个维度进行设计和编写。

试卷最初共确定了 60 道题，经过与专家讨论以及与同学的研讨交流，将测试中相近的内容合并，形成了共 32 道题的调查试卷，选取高一、高二、高三的学生各 20 人，共 60 人进行试测，并统计测试结果。

根据测试结果的统计分析，在导师的指导下，将测试题目进一步调整后，形成了共 24 道题的初步试卷。随机选取高一、高二和高三年级共 90 人，将这个初步测试卷进行测试，将测试结果进行数据分析，经过导师指导和与数学教育专家讨论，把区分度差的题目删除，最后形成共 18 道题的试卷。

最后，把这 18 道题组成的试卷作为最终的高中生数学逻辑推理素养测试题。随机选取高一、高二、高三各 30 人，共 90 人进行试测，并统计测试结果。三周后进行复测，统计首次测量和重复测量的测量结果，计算调查试卷的信度和效度。经计算，得到尺寸"大高中生数学逻辑推理素养试卷"的信度为 0.750 1，效度为 85.237%。

（四）测试题目的设计

正式的测试题目包含 3 类，共 18 道题，总分是 50 分。测试类别是数学逻辑推理素养的三个维度："演绎推理""归纳推理""类比推理"。

1. 第一部分，演绎推理，共 9 小题，本部分共 19 分。

对演绎推理的考查，因为完全归纳法是考查事物的全部分子的方法，所以它得到的结论跟演绎推理一样，是必然正确的，所以这部分的题目也包含了对完全归纳法的考查；另外这部分包含对性质命题与关系命题表达的考查，还包括对经典三段论、反证法及数学归纳法的测试。

由于测试对象是高中生，所以试题的编写必须是在一定知识的积累之上的，同时还要尽量避免由于高年级学习过而低年级没有学习过的知识的干扰，并且还要做到有区分度地考查学生是否能够理解性质命题和关系命题的条件与结论间的关系，是否能够结合实例做出判断，并有条理地表述论证过程。

试题的编写，不仅考虑了用同一个题目里的不同程度的问题来区分水平，还考虑了如果一个题目只有一个问题，那就通过不同难度的题目来区分同一维度的学生水平。以下为调查试卷中的部分试题举例。

第一部分的题目中：

题目 1-1-1：如果 $x^2 = 4$，求解方程式的根。甲说："2 是方程式的根。"乙说："方程式的根是 2。"甲和乙的说法是一样的吗？为什么？

题目 1-1-2：如果 $x+y$ 是有理数，那么 x 和 y 是否都是有理数呢？请说明理由。

题目 1-1-3：使 $x^2+2x-3 \neq 0$ 成立的条件，是 $x \neq 1$ 或者 $x \neq -3$ 吗？如果不是的话，那么使 $x^2+2x-3 \neq 0$ 成立的条件应当是什么呢？

题目 1-1-4：如果如果 $a > b$，那么 $\frac{1}{a} < \frac{1}{b}$ 吗？请说明理由。

题目 1-1-1 和题目 1-1-3 都属于水平一的题目，在这一水平上，学生要知道性质命题的述说方式，判断出简单的性质命题之正确与否；题目 1-1-2 和题目 1-1-4 都属于水平二的题目，在这一水平上，学生要知道关系命题的述说方式，知道"或"与"且"的区别，知道关系命题中的条件命题与结论命题之间的关系，能够判断关系命题的真假。

题目 1-2：请同学们思考，除用量角器之外，还有哪些办法可以判断一个角是否为直角？请尽量多地写出判断的办法，并且解释这样判断的道理。

这道题目虽然简单，也容易作答，但它可以从思维的角度，考查学生的思维是否是有逻辑的，也就是结论与给出的支持结论的理由是否能够对应得上。如果学生能够思考出创新方法，还可以酌情加分，这也符合提倡核心素养教育下的评价方式，也就是加分原则。

题目 1-3：同弧所对的圆周角的大小等于圆心角的一半，这个结论就是圆周角定理。请同学们试着证明这个结论。

圆周角定理是学生初中阶段就学习过的定理，该定理的证明不仅需要应用经典三段论，还要考虑到圆心与圆周角的三种位置关系，每种情况都要考虑到才能完成证明。

（2）第二部分，归纳推理，共 5 小题，本部分共 21 分。

这一部分要考查学生是否能够在情境中发现规律并提出命题，是否能够把特例推广到更一般的情况，能否找到数学的研究对象构成的集合并把握其本质特征，是否能用准确的数学语言定义这个集合。以下为调查试卷中的部分试题举例。

第二部分的题目中：

题目 2-1：将全体正整数排成一个三角形数阵：

$$
\begin{array}{ccccc}
1 & & & & \\
2 & 3 & & & \\
4 & 5 & 6 & & \\
7 & 8 & 9 & 10 & \\
11 & 12 & 13 & 14 & 15
\end{array}
$$

根据以上排列规律，请同学们思考①数阵中第 n 行有几个数；②第 n（$n \geq 3$）行从左向右的第 1 个数是多少？

这个题目考查学生对数字规律的归纳能力，并且还考察学生是否能将归纳出的规律进行一般性的表达。其中第一问的难度设置在水平一，第二问的难度设置在水平二。在这道题的原型里，数字组成的形状是宝塔形，为了符合题目应具备的难度水平，在编制测试题时将它的形状改成直角三角形，这样更容易归纳出数字规律，也符合水平一的测试难度。

题目 2-2：请同学们想象风筝的形状，并尝试进行以下研究过程：①试着画出风筝的图形；②写出筝形的特点；③请试着给出筝形的定义。

这个题目考查学生对图形性质的归纳能力，并且还考查学生是否能够把握这一类图形构成集合的本质特征，是否能用准确的数学语言定义这个集合。其中第一问的难度是水平一，第二问的难度是水平二，第三问的难度是水平三。

（3）第三部分，类比推理，共 4 题，本部分共 10 分。

对类比推理这部分的考查，题目的难度水平设置从发现特例、发现另一个集合，到定义另一个集合，逐步提高。这一部分的试题也借鉴了教材中的题目，并稍加修改，以下为调查试卷中的部分试题举例。

第三部分的题目中：

题目 3-1：如图 2-2，点 M_1、M_2 是射线 OM 上的点，点 N_1，N_2 是射线 ON 上的点，则三角形面积之比 $\dfrac{S_{\triangle OM_1N_1}}{S_{\triangle OM_2N_2}}=\dfrac{OM_1}{OM_2}-\dfrac{ON_1}{ON_2}$。若点 P_1，P_2，点 Q_1，Q_2 和点 R_1，R_2 分别是不在同一平面内的射线 OP，OQ 和 OR 上的点，则类似的结论是什么？

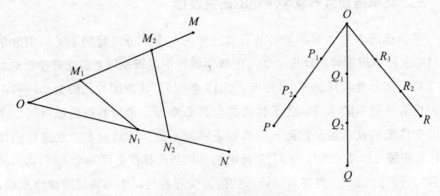

图 2-2　三角形面积之比

此题的难度在第三水平，希望学生类比平面上的面积比规律，推导出空间上的体积比规律。

题目 3-2：从一个点引出三条不在同一平面内的射线，用一个平面截这三条射线，所得到的图形就是三棱锥如图 2-3 所示。从一个点引出四条射线，其中任意三条射线不在同一平面上，用一个平面截这四条射线，所得到的图形就是四棱锥，如图 2-4 所示。

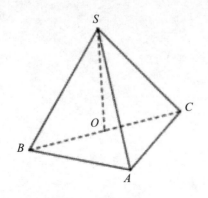

图 2-3　三棱锥

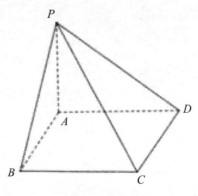

图 2-4　四棱锥

①请同学们仿照三棱锥和四棱锥的定义，尝试给出五棱锥和 N 棱锥的定义。

②请同学们找出棱锥的顶点数、面数及棱数之间的关系，并给出理由。

此题不仅考察了学生是否能应用类比推理发现图形规律，还考察了他们能否类比三棱锥的定义，用准确的数学语言为 N 棱锥下定义。

三、逻辑推理素养教学策略的研究过程

逻辑推理素养之教学策略的研究是分为两个部分进行的：①高中数学教材中逻辑推理素养的体现；②高中数学课程中逻辑推理素养之教学策略。

第一部分是教材梳理。《标准（2017 年版）》认为碎片化的数学内容不能表述清楚数学的本质，为了体现数学核心素养，希望教材的编写可以考虑改变传统的设计思路，把一些具有逻辑联系的知识点放在一起进行整体设计。按照《标准（2017 年版）》提出的必修与选择性必修三个主线，即"函数""几何与代数""概率与统计"的内容梳理教材。本书将按照演绎推理、归纳推理及类比推理三个维度，梳理必修与选择性必修中"函数""几何与代数""概率与统计"三条主线所涉及的定义、定理和习题。

第二部分是关于逻辑推理素养教学模型的提出。教学模型的提出是基于逻辑推理的关键要素的。通过教师和学生访谈、课堂观察和教学实践，分析关键要素——定义与命题的表达、推理的一般形式、演绎推理的思维过程，以及归纳推理的思维过程——在教学当中的体现，提出有操作性的教学模式。

第三章 发展逻辑推理素养的理论基础

一般来说，逻辑思维指人的理性认识，指人对事物的规律和本质的表现和理解。发展逻辑推理素养，有其相关的理论基础，本章将阐述发展逻辑推理素养的相关理论基础。

第一节 直觉活动和逻辑活动的关系

思维作为人脑的机能，从其外在形态和作用上看，是一个由分析、综合、抽象、概括、归纳、演绎、直觉、灵感及顿悟等诸多活动构成的有机统一体。如果把这些特殊活动进一步归类，就可以把分析、综合、抽象、归纳、演绎归为逻辑活动的范围，而把直觉、灵感及顿悟等归为直觉活动的范围。直觉活动与逻辑活动的关系，通常被认为是对立的，可实际上，人是不可能在直觉活动和逻辑活动的分裂中进行思考的，直觉活动和逻辑活动是人的思维发展的两个环节，必须从发展的观点来理解直觉活动和逻辑活动的辩证统一关系因此，要立足《标准（2017年版）》阐明归纳、类比的逻辑性。发展学生的逻辑推理素养，首先需要弥合直观想象和逻辑推理的分裂，从发展的角度辩证地理解直觉活动和逻辑活动的关系，这部分的理论基础是基于王天成教授从哲学的角度，对直觉活动和逻辑活动的心理机能做出的阐释来进行叙述的；其次，逻辑活动与实践活动还存在着相互促进与融合的关系。下面分别进行阐述。

一、直觉活动向逻辑活动的发展

直觉活动发展为逻辑活动，是思维的固有要求。直觉在最初层次上是意象思维，但意象还不算成熟的思维成果，需要升华为概念及概念间的关系，这个升华过程便是由直觉发展出来的逻辑活动完成的（王天成，1993）。

直觉活动向逻辑活动的转化可以在思维发生的认知理论上得到确证。从认知理论看，皮亚杰关于儿童"概念与运算的心理发生"的临床研究，验证了个体思维发生的阶段性。直觉活动向逻辑活动转化，发生于前运算阶段到具体运算阶段的过渡时期。许多思维科学家和心理学家都曾对直觉活动向逻辑活动转化的过程做过不同程度的描述，这种转化过程是直觉走向抽象和符号化的结果。

首先，直觉有其抽象作用（王天成，1993）。直觉面对的通常都是感性形象和感性材料，这些材料经过直觉的能动理解作用，将其中的结构和规律领悟出来，凝化成意象。意象和材料比起来，已经是一种抽象物。从意象到概念的飞跃，是概念水平上的抽象，是人类认识发展的一个重要环节，它使人的思维摆脱了具体物的限制，更清晰地反思和把握事物的必然联系，构成了整个逻辑活动的开端（王天成，1999）。一般的抽象作用直接地作用于所固有的内在功能，它在直觉活动的最初层次上表现为意象水平上的抽象活动，也就是从感性材料中抽象出一般性意象的活动，在直觉的更高层次上则表现为概念水平上的抽象活动，即从意象中抽象出概念的活动。无论哪个层次的抽象，都是通过对对象内在本性的领悟实现的。直觉在其层次的提高过程中表现为逐步摆脱具象性、逐步抽象化的倾向。概念水平上的抽象活动便是直觉抽象化所能达到的最高点，同时也是直觉的自身否定点，因此是直觉活动和逻辑活动的界限。

其次，直觉活动还是前提和结论的中介。概念由思维活动生成，同时又反过来制约和影响思维活动，概念又可以用语言的形式来表达，所以人们就可以实现概念水平上的交流，又以此为前提进行下一步思维活动。这样，思维就表现成一种有前提、有中介的过程，显现为一种由概念前提到结论的逻辑特征。从这个意义上讲，逻辑活动总是和概念相伴而生，没有概念前提的思维活动已经不复存在了。可是，符号化了的概念是由直觉发展出的反思，是在抽象作用的基础上产生的，概念的水平上的抽象活动是离不开直觉活动的，因此直觉活动的前提性和中介性，使直觉活动成为逻辑活动的一环。逻辑活动的每一步都有直觉的参与，直觉在逻辑活动中是承上启下的关节点，在现实的思维活动中，脱离逻辑活动去寻找单纯的直觉活动是不可能的，不存在任何非逻辑的领域，一切都被逻辑活动所渗透和影响着，现代水平上的思维都被逻辑活动同化了。

再者，直觉活动是逻辑活动的运思过程的前提（王天成，1993）。概念的产生，使思维呈现出了由前提到结论的运动过程，逻辑活动也随之产生了。但是，由前提到结论之所以被称为逻辑活动，并不仅仅是因为结论的产生以前提为中介，主体也在这个中介过程的运行中有强烈的自觉性，逻辑活动和直觉活动也是这样才被区分开来。但是，当我们突然领悟或直觉到某种意义时，我们和我们领会到的意境是相互交融的，因此我们就会处于一种"不识庐山真面目，只缘身在此山中"的境地，既不知道我们的自觉过程如何进行，也不知道这种直觉是如何获得的。康德对直觉的这种特点曾有过论述，他认为直觉作为思维综合、统一感性产生知识的活动，是一种自发性和自生性的先天综合过程，我们只能意识到它的结果，而意识不到这结果的产生。但是，在逻辑活动中，我们不仅能意识到自己的思维过程，还能自觉地驱动自己的思维按自己的逻辑要求，按前提和结论的逻辑顺序进行，这也就是通常所说的运思过程。也就是说，我们在直觉过程中不能运思，只能顺其自然，但在逻辑过程中却必须运思。可是，逻辑活动中的这种运思的自觉性并不是突然冒出来的，而是隐含在直觉主体中自觉能动性的进一步发展。对于这个问题，康德也曾做过合理的尝试性说明，康德认为直觉中必须设定自我意识的统一性为支点，没有自我意识的统一性，直觉结果就不可能统摄到自我意识之中，被思维主体意识到，因而也就不能产生主体意识到什么的直觉意识。而逻辑活动作为主体支配下的运思过程，有支配运思的法则，这个法则就是我们通常所说的逻辑规律。

二、对直觉活动和逻辑活动的分析

直觉活动发展到逻辑活动的规律说明，直觉既有建构作用，又有反思作用，这两种作用在思维的过程中都是普遍存在的。直觉的反思作用必然形成逻辑活动，这样直觉活动和逻辑活动在现实的思维中总是交融在一起，因此把握直觉和逻辑的关系是发展逻辑推理素养的理论关键。

直觉活动和逻辑活动的关系存在历史性的局限。关于逻辑与直觉关系的解释，可以大致区分为三种：①逻辑与直觉是完全割裂的，直觉活动是非逻辑的，逻辑活动是非直觉的，两者完全对立。②逻辑与直觉是相互补充的，直觉虽然是非逻辑的，但在从发现个别关系和规律到发现并表达一个集合的思维过程中，两者是互为前提和条件的连带关系。这种观点虽然比第一种观念前进了一步，承认了直觉活动和逻辑活动的联系，但这种联系是在二者分离之上建立起来的。③直觉活动和逻辑活动不是截然不相容的两个事物，而是处在统一和渗透的关系当中，直觉并不是非逻辑，而是一种简略的逻辑。

这三种观点虽然都有其自身的道理，但也都存在需要商榷之处。第一种和第三种观点都认为直觉和逻辑的关系是非此即彼的，二者的共通和差异都被截然分离开了。第二种观点虽然强调了直觉与逻辑的联系，但仍是外在的联系，本质上还是基于二者的割裂。逻辑与直觉之所以被认为是分裂的，是因为人们自觉或不自觉地把逻辑当成了判定理论的标准而把直觉当成了判定非理性的标准。而理性思维与非理性思维对立的原因，实际上可以追溯至唯理论与经验论之间相当长久的较量。唯理论将数学作为"绝对真理"，强调数学的绝对严谨性；经验论强调数学的发现性和探索性，强调用于科学发现的合情推理。尽管也有学者在这两种争论之间保持中立，承认数学的严谨性的同时也承认数学的探索性，但不能否认的是，如果要立足《标准（2017年版）》阐明归纳、类比的逻辑性，发展学生的逻辑推理素养，那么首先需要弥合唯理与经验的分裂，消除理性与非理性的对立，把直观想象和逻辑推理辩证统一起来。

实际上，人是不可能在直觉活动和逻辑活动的分裂中进行思考的，直觉活动和逻辑活动是人的思维发展的两个环节，必须从发展的观点来理解直觉活动和逻辑活动的辩证统一关系。在现实的思维过程中，也就是发现问题和提出命题、探索和表述论证过程、有逻辑的表达和交流的过程中，既不存在非逻辑的单纯的直觉，也不存在非直觉的纯线性的逻辑活动，从命题的提出到命题的验证，总是在直觉活动和逻辑活动的渗透关系中实现的。因此，直觉活动是逻辑活动的一环，不仅表现在直觉总以整个逻辑活动的先在环节为前提，而且也表现在它是随之而来的逻辑环节的前提和条件。不论是从思维的宏观上看，还是从思维过程的每一具体逻辑过程上看，直觉活动都作为其中的环节起着重要的逻辑作用。直觉贯穿于整个逻辑活动的各个阶段当中（王天成，1993）。

第二节　实践活动和逻辑活动的关系

推理是人们生活中不可离开须臾的思维形式，将推理应用于实践的过程实际上就是人们为了解决实践中的问题而通过思考来决定自己如何行动的思维过程。在实践中，可以依据定义性规则和策略性规则，把逻辑推理的本质作为一种目标导向型的行为做出区分。定义性规则明确实践规则，策略性规则解释怎样才能做得好或不好。在逻辑理论化的过程中，绝大部分的研究都集中在定义性规则上，而放弃了策略性规则。导致这种情况的原因可能是 20 世纪早期数学基础的危机，该危机促进了对逻辑推理规则稳定性的强调，然而在逻辑的实际应用中，策略性规则显得极为重要（戴尔·杰凯特，2015）。本章的目的是结合统计学中收集样本的相关理论与策略，讨论演绎推理和归纳推理在实践活动中的应用，因此这一部分属于对于策略性规则的研究。

关于实践的讨论一般认为是从亚里士多德开始的，他在著作《尼各马可伦理学》中强调："我们所有的活动都只有一个目的，这个目的就是那个可实行的善""而人的善就是灵魂的合德性的实现活动。"据此,"善"就为人的实践活动所体现,而人的实践活动可以分为心理活动与身体行动,将这两者遵从"按照正确的逻各斯去做"的原则,结合起来的实践活动才能够实现"善"(亚里士多德,2003)。但是,由于实践活动又具有极大的不确定性,即使人们有追求"善"的目的,又采取了合适的行动,也不一定能够真地实现"善"。这就要求人们在实践活动的过程中进行理性的思考,而这个思考的过程中存在着演绎推理和归纳推理。

一、集合类型

一般地说,演绎推理和归纳推理分别是从一般推到特殊的推理和从特殊推到一般的推理(辞海编辑委员会,1980)。从实践的角度出发,前面提到的"一般"就是一类事物所具有的同一性质,所以不妨将具有同一性质的一类事物看作一个集合,将此类事物中的某个事物看作集合中的元素——即前面所提到的"特殊"。演绎推理基于一种理想化的大前提,相信集合中所有元素都具有某种性质,推断其中的某个元素也具有此种性质;归纳推理则根据某个或某些元素具有某种性质,并且确定这个或这些元素属于某集合,推断该集合也具有此种性质。在实践活动中,归纳推理与演绎推理本质上是对集合性质与集合中元素性质之间关系的思考,而集合表现出什么性质是由集合中的元素决定的。

根据集合性质与集合中元素性质之间的关系,可以区分出四种类型的集合,分别为同一集合、兼容集合、共和集合及杂合集合。这四类集合都是由许多性质相同的个别事物所构成的,均具备同质性和大量性;除同一集合外,其他三类集合还具有差异性。这里的差异性是指,构成集合的各元素除了某一方面或几方面性质相同以外,必须在其他方面存在着差别。同质性是组成集合的根本条件;大量性是组成集合的基本前提;差异性是集合研究的主要内容。这四个集合类型涵盖了集合性质怎样被集合中的元素性质决定的全部情况,下面分别对这四种情况中的集合类型进行解释和说明。

第一类,同一集合。集合中所有个别单位的所有方面表现共同性,因此要知道集合的性质，只需要研究其中一个元素就行了。这种情况在实践活动中几乎不可能出现，而基本会出现在数学等抽象领域中。例如，平面上任意一个三角形的内角和都是180°，那么由平面上所有三角形构成的同一集合，也满足内角和是180°这个性质。

第二类，兼容集合。集合中的元素同时具备同质性、大量性和差异性。就实践活动中影响集合的性质的元素性质而言，集合性质由其中多数具有同一性质的元素性质决定。拿《宪法》中的规定来说：宪法的修改，由全国人民代表大会常务委员会或者全国人民代表大会代表提议，并由全国人民代表大会以全体代表的三分之二以上的多数通过。也就是说，当三分之二以上的多数人大代表通过修改宪法的提议时，由全体人大代表构成的兼容集合将体现出由大多数人大代表认可的修改宪法的性质。

第三类，共和集合。集合中的元素同时具备同质性、大量性和差异性。就实践活动中影响集合的性质的元素性质而言，集合的性质由其中少数具有代表性的元素性质决定。这样的集合在实践活动中也极常见，每个组织都有其负责人，任何单位都有其领导者，少数人做出的决定要被多数人来执行，"下级服从上级"指的也是这样的情况，也就是说共和集合表现出的性质是少数具有代表性的元素所具有的性质。

第四种，杂合集合。集合中的元素同时具备同质性、大量性和差异性。就实践活动中影响集合的性质的元素性质而言，集合的性质由外部条件与内在性质等综合因素决定。这种复杂的集合类型（杂合集合）才是实践活动中最常见的，元素间的差异性可能是两方面或多方面的，并且还可能同时受几种不同的外部条件影响，导致诸多不同因素影响下集合表现出的性质也不同，因此这种情况无法简单述说清楚。但是面对实践活动中的杂合集合，可以对繁杂的情况分类讨论，结合统计学中样本选择的理论与方法，讨论怎样选择样本能够得出比较好的结论。

下面依据四种集合类型，分别讨论演绎推理与归纳推理在实践活动中的应用。

二、实践活动中的演绎推理与归纳推理

归纳推理的核心思想就是通过集合中部分元素的性质推断集合的性质，而统计学就是运用归纳思维，通过样本推知总体的科学。统计学的两个核心理论是大数定理[①]和中心极限定理[②]，前者证明了部分样本就可以代表全体，后者说明了样本量和结果可靠性之间的联系。大数定理和中心极限定理保证了根据样本推断总体的合理性，但这两个定理的成立基础是样本的随机性，就人类现有的技术来说完全随机是不可能的，只能是尽量随机。因此，怎样选取部分样本是非常重要的，选取的好坏将很大程度地影响推断的准确性，所以对于不同的集合类型，选取样本的侧重也应该有所不同。

（一）同一集合中的演绎与归纳

这种情况在社会实践中几乎不可能出现，而是大多出现在数学等抽象学科中，下面以著名的费马大定理[③]从提出到最终证明的过程为例详细讨论。

费马大定理的起源与勾股数有关，已知 $a^2 + b^2 = c^2$ 对所有直角三角形成立，也许费马希望将这个结果推到更高维的情况：求出正整数 a，b，c，使得 $a^n + b^n = c^n$，$n \geqslant 3$ 且 $n \in \mathbf{N}^*$。费马很可能尝试了 $n = 3$ 和 $n = 4$ 的情况，但没有成功，于是反其道而行之，猜想 $n \geqslant 3$ 且 $n \in \mathbf{N}^*$ 时等式没有正整数解，之所以没有将这个命题称为猜想，是因为费马写道自己已经想出了证明方法。显然这个定理是通过归纳得到的。

费马大定理的证明历时 358 年。欧拉在研究费马大定理时认为给出一般性的证明是极为困难的，所以采用了个别尝试的归纳方法，分别证明了 $n=4$ 时和 $n=3$ 时费马大定理成立；狄利克雷和勒让德证明了 $n=5$ 时费马大定理成立；拉梅证明了 $n=7$ 时费马大定理成立；后来拉梅和柯西都宣布自

---

① 大数定理关心的对象是样本均值和总体均值。大数定理认为，当样本足够大时，样本均值将落在总体均值的附近。

② 中心极限定理的内容是无论抽样分布如何，样本均值总是对称地围绕在总体均值附近，服从一个以总体均值为中轴的钟形分布（正态分布）。

③ 费马大定理的内容：不可能将一个立方数写成两个立方数之和；或者将一个 4 次幂写成两个 4 次幂之和；或者，总的来说，不可能将一个高于 2 次的幂写成两个同样次幂的和。

己基本证明了费马大定理，然而库莫尔发现他们的方法在逻辑上是不可调和的，并证明了当时的数学方法不可能给出费马大定理的完整证明；沃尔夫凯尔发现并证明了库默尔的那篇指出拉梅和柯西证明错误的文章存在着一个漏洞，再次为定理的证明注入活力，但没过多久，哥德尔提出了不可判定性定理，他认为费马大定理没有任何证明（张立宪，2017）；尽管历经了 3 个世纪的失败还有哥德尔的警告，数学家们仍继续投身这个问题，二战后计算机的出现使大量的计算不再成为问题，数学家们利用计算机证明了在 25 000 以内，乃至 400 万以内时费马大定理都是正确的，但是范围再大也不能证明到无穷，无法宣称证明了这个定理；后来德国数学家弗赖提出，由美国数学家里贝特验证，发现费马大定理的完整证明可以遵循这样的逻辑路线：如果谷山志村猜想①正确，那么每一个椭圆方程都可以模型式化，如果每一个椭圆方程都可以模型式化，那么椭圆方程 $y^2 = x^3 + ax^2 + b$ 不成立，如果椭圆方程 $y^2 = x^3 + ax^2 + b$ 不成立，那么方程 $a^n + b^n = c^n$ 无解，即费马大定理成立（史宁中，2016）；最终，美籍英国数学家怀尔斯证明了谷山志村猜想，费马大定理的证明宣告完成。

从这个证明过程可以看到，一个好的猜想是怎样引发人们深入思考的。所有的猜想都是归纳推理的结果，当不能给出一般性的演绎论证时，数学家们采取个别尝试的归纳方法，凭借对于数学本质的理解和基于经验的直观，将问题转化为关于椭圆方程和复数空间几何图形的对称性，最终完成了对定理的演绎证明。在这个过程中，归纳与演绎是紧密结合在一起的，虽然论证是形式的和演绎的，但思维的过程是归纳的。

（二）兼容集合中的演绎与归纳

兼容集合的性质是由集合中大多数具有同一性质的元素决定的。要通过这类集合中的样本性质归纳地推断集合性质，如果不能保证样本的随机性，就需要主观地选择此集合中多数具有同一性质的元素来进行归纳推理，如果不能做到这一点，就会导致归纳推理出的结论与实践不符。下面通过

---

① 谷山志村猜想是说，每一个椭圆方程必然与一个模型式有关，而模型式又与复数空间几何图形的对称性有关。

举例来说明这一点。

1936 年的美国总统大选是样本选择失败的一个典型案例。著名的《文学摘要》杂志社按照电话簿目录和汽车俱乐部成员名单向外派发了 1 000 万份调查问卷，调查结果显示兰登将赢得大选，但结果正好相反。这是因为当时电话和汽车十分昂贵，《文学摘要》的调查结果只说明了中产阶级更支持兰登，而忽略了更多人数的贫困阶级是罗斯福的支持者，而这一点疏忽也直接导致了《文学摘要》名誉扫地，关门停刊。

2016 年同样是美国总统大选，大选的结果显示特朗普获得了佛罗里达州的选票。佛罗里达州在该次总统选举中有 96% 的选民投了票，其中 49% 的选民支持特朗普，47% 的选民支持希拉里，数据表明该州支持特朗普的选民多于支持希拉里的。众所周知，美国总统大选采取的是"赢家通吃"的原则，所以对于这种竞选获胜必须获得较多选票的事件而言，要根据选民的投票意向推断在该州获胜的候选人，只需知道被推理的选民，是否属于该选举地区拥有更多支持者的那一方，就能够推理出该地区的获胜人选了；反之，若选择支持人数少的那一方的选民为推理对象来推理，那么此时得到的结论就是与事实相悖的。

对于实践活动中的兼容集合而言：我们能够应用演绎推理，根据集合表现出的性质，推断其中的多数具备同一性质的元素具有此性质，其中少数的元素则不具有此性质；我们也能够应用归纳推理，选择集合中多数具备同一性质的元素进行推理，推理出的集合性质就是符合实际的。

（三）共和集合中的演绎与归纳

决定共和集合性质的是集合中的少数代表性元素。要通过这类集合中的样本性质归纳地推断集合性质，应当选择此集合中少数具有代表性的元素来进行归纳推理，才能得到与实践相符的结论。下面通过举例来说明这一点。

拿美国退出了跨太平洋伙伴关系协定来说，如果说兼容集合的情况是"少数服从多数"，那么共和集合则是"下级服从上级"。集体中的少数人制定决策，而决策为整个集体所执行。对于美国是否要退出跨太平洋伙伴关系协定，美国的参议员们争议颇多，但是特朗普作为美国总统，做出了退出的决策，虽然有的参议员不同意，美国也一样会退出跨太平洋伙伴关系协定。

因此对于共和集合来说：我们能够应用演绎推理，根据集合表现出的性质推断其中的少数具备代表性的元素具有此性质，其中多数不具代表性的元素则不具有此性质；我们也能够应用归纳推理，选择集合中少数具备代表性的元素进行推理，推理出的集合性质就是符合实际的。

（四）杂合集合中的演绎与归纳

对于杂合集合中的复杂情况，在做出决策的时候不但要考虑以上三类基础情况，还要结合环境、情势等多重因素综合考虑，以保证推理的有效性，这样的集合很难简单述说清楚，但却是实践活动中最常见的整体类型。

以人们耳熟能详的"空城计"为例：诸葛亮误用马谡以致街亭失守，于是他将多数军士派出应急，只留很少的军士守城。这时忽闻司马懿率领十五万大军前来，情势危急。孔明却大开城门，安坐于城楼之上，司马懿看到后，认为诸葛亮一生谨慎，如此情状定是城中设下了埋伏，所以立刻退兵了。司马懿的思维就是归纳的，以他对诸葛亮的了解，知道孔明凡有所行动必然安排妥帖，这次也必定不例外。实际上，他的认识是对的，就连孔明自己也说，并非自己要弄险，实乃不得已而为之，城内兵士太少，若弃城而走，必为司马懿所擒。这个事件中司马懿通过归纳推理获得的结论之所以与实践不符，是关键信息的缺失导致的，受条件或情势所迫，以往总结的规律极有可能会失效。

再从数量方面讨论。对于要推理的总体而言，样本的数量达到多少才能保证推断的结论尽量准确呢？对于这种"样本推断总体"的问题，可以参考统计学中的"37%法则"。下面以一个流传很广的故事为例来解释。

有一天，古希腊哲学家柏拉图问他的老师苏格拉底什么是爱情，苏格拉底就叫他先到麦田里去摘一个全麦田里最大最金黄的麦穗。整个期间只能摘一次，并且只可以向前走，不能回头。柏拉图照着老师的话去做了，结果却两手空空地走出麦田。老师问他为什么没摘到，他说："只能摘一次，又不能走回头路。其间，即使见到一个又大又金黄的，也不知前面是否有更好的，所以没有摘；走到前面时，又发觉总不及之前见到的好，原来麦田里最大最金黄的麦穗早已错过了。于是，我什么也没摘到。"老师说："这就是爱情。"

　　我们对这个引人深思的故事进行策略方面的思考，也就是说，在不回头并且只能摘一次的要求下，是否有可能摘到最大的麦穗？怎样保证摘到最大麦穗的可能性最大？下面用统计学的思路来处理这个问题，即使摘不到最大的麦穗，也一定能够摘到比较大的（李倩星，2017）。

　　假设这条路径的两旁共有 n 个麦穗，需要解决的问题就转化为了怎样从这 n 个麦穗中选出最大的一个。因为柏拉图不能回头，无法将总体中的样本都考察一遍再选，只能根据经历过的麦穗大小来做决定。柏拉图在起始位置时，对于前方的麦穗一无所知，随着他见过的麦穗越来越多，对总体的认识也就越来越全面了。所以问题可以表述为如何根据已经见过的麦穗来决定摘哪一个，也就是说怎样从样本来推断总体。

　　如果柏拉图走过了一半的路程，见过了 n 棵麦穗的一半，可以知道这一半的麦穗中最大的麦穗是哪一个，在接下来的一半路程中，只要见到比这个麦穗大的就摘下来，这样的话，即使它不是最好的，也是属于比较好的了（李倩星，2017）。但是这种方法的缺点是：①麦田中的麦穗必须是随机分布；②最大的麦穗必须在后半段。第一个问题的解决方法是只要站在小路的一端观察一下麦穗是不是有序排列的就可以知道了，第二个问题实质上就是说取多少麦穗作为样本点才是最合适的。

　　不妨假设取 k 棵麦穗作为样本，这 k 棵麦穗是不能摘取的，从第 $k+1$ 棵麦穗开始，只要发现比前 k 个大的就摘下来（李倩星，2017）。如果麦穗随机分布，那么 n 个麦穗中的任一个都可能是最好的，所以每一个麦穗是最好的概率都是 $1/n$，如果最大的在前 k 个，那么柏拉图就摘不到麦穗，发生这个事件的概率是 k/n；如果最佳麦穗的位置非常靠后，而前 k 个麦穗又都比较小，那么柏拉图可能会在遇到最佳麦穗之前就摘了一个小于最佳麦穗的麦穗。

　　用 i 代表最佳麦穗的位置，当 i 大于 k，并且前 k 棵麦穗包含了前 $i-1$ 个麦穗中最大的那个时，柏拉图才能确定摘到最大的那个。因此找到最佳麦穗的概率是

$$P(k) = \sum_{i=k+1}^{n} \frac{1}{n} \cdot \frac{k}{i-1} = \frac{k}{n} \sum_{i=k+1}^{n} \frac{1}{i-1}$$

当 n 无穷大时，可以把上面的等式化为

$$P(k) = \frac{k}{n} \int_{\frac{k}{n}}^{1} \frac{1}{t} \mathrm{d}t = \frac{k}{n} \cdot \ln \frac{k}{n}$$

设 $\frac{k}{n}$ 为 x，对函数 $f(x) = -x \cdot \ln x$ 求导，解出：当 $f(x)$ 取最大值时，x 的值为 $\frac{1}{e}$。

这也就是说，当 $k = \frac{n}{e}$，即取 $\frac{n}{e}$ 个麦穗作为样本时，摘到最大麦穗的概率是最大的。e 的值大约为 2.718，$\frac{1}{e}$ 大约是 37%，所以取总体数量的 37% 作为样本最有可能找到最大的麦穗，这也就是前面提到的"37% 法则"。在此过程中，演绎与归纳同样是紧密结合着的，人们用归纳推理来根据经历过的东西推断未经验历的东西，但解决问题过程中的每一步运算都体现着演绎推理的严谨性。

三、大数据时代的到来对"因果关系"造成的冲击

上文的方法属于小数据时代的随机采样，目的是希望通过最少的数据获得最多信息，但大数据时代的来临深刻地影响着人们的工作、生活和思维方式。

随机采样必须要经过非常周密地安排和执行，并且还只能从采样的样本中获得设计好的问题的答案，一旦人们突然意识到其他需要了解的问题就需要重新再布置安排。另外，当数量无比庞大，又无法保证样本的随机性时，虽然可以主观地选择有代表性的样本作为推理前提，但仍然容易出现漏洞。

大数据时代引领的全数据模式下，虽然核心仍旧是进行预测，但相对于传统"根据样本推知总体"的理念而言，在数据处理的理念上存在着三个重大转变（维克托·迈尔 – 舍恩伯克 等，2013）。①由追求随机抽样转向追求样本总体。在大数据时代，数据处理的技术变得非常强大，可以分析更多的数据，如果可能的话会收集全部数据，即"样本 = 总体"，此时，被随机采样忽略的细节信息可以清晰地显现出来，如果社会科学中常用的样本分析法可以被大数据分析代替的话，就不需要担心研究人员在做研究和

设计调查问卷时存在的主观倾向了。②由追求精确度转到追求效率。由于使用所有可以获取的数据变得可能，人们在小数据范围内追求的精确度变得不可能甚至不再重要。由于数据量巨大，某个数据点对整套分析的不利影响甚至可以忽略不计，人们需要做的工作是接受纷繁混乱的数据并从中获取信息，而不需要花巨大的代价消除所有的不确定性。③由追求因果关系转到追求相关关系。大数据告诉人们"是什么"而不是"为什么"，在大数据时代，事物之间的因果关系不再重要，寻求事物之间的相关关系才是人们努力的方向。比方说，我们只需要知道什么时候买机票最便宜，而不需要知道机票价格的变动原因。在大数据时代，通过这样的思维方式，亚马逊可以根据人们的购买记录和浏览记录推荐可能需要的书籍，QQ 软件可以根据用户的社交网络得知用户的喜好和可能关系人，沃尔玛可以根据每一位顾客的购买物品、购买时间等信息搭配用品，从而提高销售额。人们不需要在收集数据之前，先根据经验数据通过归纳推理确定一个假设，然后应用演绎推理去验证这个假设是否正确。

相对于传统的寻找因果关系的思维习惯而言，大数据时代解决问题的思维方式发生了巨大的变革，人们通过所有的模型、拟合所有可能的参数，将问题从一个端口进入，答案就从另一个端口输出，中间像是一个黑匣子一般无法知道为什么。会发生这样的结果，与其说大数据让我们重视相关胜于因果，不如说机器学习和以结果为导向的研究思路让我们变成这样（维克托·迈尔－舍恩伯克 等，2013）。

思维方式的转换会释放更多的数据价值，能够为人们提供更精准的预测和巨大的经济资产。但相关重于因果只是大数据的一种数据分析手段，人们一旦放弃了对因果性的追求，就可能遭遇数据决定一切的危险，计算机的数据分析优势将凌驾于人类的智力优势之上。就像计算机可以在围棋比赛中战胜人类一样，人们一旦放弃了创新，计算机将接管世界。为了避免这个危险，人们应该重视挖掘数据间的因果关系而不是相关关系（维克托·迈尔－舍恩伯克 等，2013），因为在创新过程中，逻辑思维为问题切入、课题确定、深入研究、方案验证等方面都提供了基础、手段与保证，创新离不开逻辑思维的运用，推理是思维的基本形式之一，演绎推理与归纳推理对事实的解释和预测、科学理论的发现和检验都起着重要的作用（张萍，

2016）。

四、实践与思维的互补运动

在实践活动中，演绎推理与归纳推理这两种思维方式的交融发挥着重要的指导作用。正如爱因斯坦所指出的："西方科学的发展是以两个伟大成就为基础，那就是：希腊哲学家发明的形式逻辑体系（在欧几里得几何中），以及通过系统的实验发现有可能找出的因果关系（在文艺复兴时期）"（许良英 等，1976）。爱因斯坦所说的前者就是指演绎推理，后者则是指归纳推理（史宁中 等，2008）。本章采取分而治之的方法，将实践活动中的总体划分为四类集合，根据各集合中集合性质与集合中元素性质之间的关系，结合统计学中样本选择的理论与策略，分别讨论演绎推理与归纳推理在实践活动中的应用。总的来说，归纳推理是基于"经验"的推理，演绎推理是基于"理念"的推理；归纳推理是为了得到结论的推理，演绎推理是为了验证结论的推理。如果把这两种推理模式有机融合，就将人的心理活动与身体行动"按照正确的逻辑去做"的原则结合起来了（亚里士多德，2003）。

大数据时代的到来改变了人们的思维方式和操作模式，在全数据模式下相关关系重于因果关系，但是日常生活中，我们早就已经习惯了用因果关系来考虑事情，因此在大多数情况下，当人们完成了相关关系分析，又不再满足于仅仅知道"是什么"，而是会继续研究因果关系来找出背后的"为什么"。所以，大数据时代的到来也为"因果性是否存在"这个争论已久的话题提供了新的视角，因果关系能够用来说明所发现的相关关系，而相关关系也能起到提示因果关系的作用。

第四章 数学逻辑推理素养的理论建构

伯特兰·罗素曾说过："良好的人生是受行动和智慧指导的。"教育就是要从行动和智慧两个方面，也就是从思维和实践两个层面来培养学生，使学生能够像罗素所说的那样，拥有良好的人生。基础教育阶段的高中数学课堂，教师们能够给予学生的帮助主要是思维层面的培养。由于思维的感悟是隐性的，只能通过学生在亲身学习与思考所经历的过程中获得。当我们面对问题的时候，都会用已有的知识结合目前的情势来分析解决未知的问题，在其中发挥重要作用的就是科学的、有效的、有逻辑的推理。因此，首先需要弄清楚，有逻辑的推理具有怎样的特征。

本章的研究内容主要分为以下三部分：①数学逻辑推理素养提出的目的和意义；②数学逻辑推理素养维度及层次水平的划分；③数学逻辑推理素养关键要素的确立。

第一节 数学逻辑推理素养的提出背景

《标准（2017年版）》将《义务标准》中的演绎推理与合情推理统一修订为逻辑推理，此次修订意义重大，这是第一次在纲领性文件中肯定归纳、类比推理的逻辑性。逻辑推理的本质在于命题的前后连贯（史宁中，2016），《标准（2017年版）》，之所以明确提出培养学生数学逻辑推理素养的要求，其根本目的和意义在于希望通过基础教育阶段的数学教育，发展学生的创新能力和应用意识，为国家培养创新型人才。下面本书将从我国数学教育目的历史演变出发，阐述发展学生逻辑推理素养的重要性与必要性。

数学教育的目的通过社会数学教育承担的任务来体现，会受到数学学科特点、数学发展水平、学生认知水平的制约，也能够一定程度地反映出当时历史时期的社会政治、经济、文化和科技发展。正是因为这样，数学教育的目的始终在不断地变化和发展（傅海伦，2001）。从古代到现代，我国数学教育的目标几经变迁，在不同的时代下呈现出具有当时时代背景的别样特色。

一、中国古代的数学教育目标

我国古代数学主要以"经世致用"为教育目标。古代教学尤其注重学以致用，教学的目的及内容与现实密切相关。虽然没有明确的文字规定述说这个教育目标，但相关的文献都体现出了这个教育理念。数学是周朝推行的"六艺"之一，在当时将其作为一种技艺来进行传授，使具有数学技艺的官吏能够胜任管理农业、商业等部门的官职。我国古代数学的经典之作《九章算术》就是采取应用题的形式记载的；南宋数学家杨辉在《日用算法》中也提道："用法必载源流，命题须责实有"（陈为华 等，2013）。珠算开始广泛使用后，数学教育的实用目的就更为凸显了。虽然当时数学教育的任务比较基础，但是注重数学知识与实践的联系，对当时的生产和生活都起到了积极的作用。

从现代教育的现状来看，古代教育目标有着重要启示和参考价值。2018年7月，我国教育部基础教育质量监测中心发布了首份国家义务教育质量监测报告，该监测依据国家课程标准对学生的数学学业表现进行了测查，发现学生的数学学业表现良好，但综合应用能力相对薄弱（中华人民共和国教育部，2018）。该报告的结论也说明我国目前的数学教育非常重视知识与技能的教学，在一定程度上忽略了对学生数学思想和数学活动经验的培养，但思想的培养需要学生亲身经历学习过程进行感悟，在这个过程中，合适情境的创设处于十分重要的位置。

二、中国近代的数学教育目标

1840 年到 1949 年的这段时期，被称为我国近代教育时期。在这段时期内，1903 年清政府颁行了"癸卯学制"，这是第一个以法令形式公布并推行于全国的学校教育系统；辛亥革命之后，我国主要学习日本的数学教学体制和课程设置；1922 年，北京政府公布《学校系统改革令》；1923 年公布新学制各科课程纲要。纲要中的"初级中学算学课程纲要"中，数学教育的目的被规定为使学生能依据数理关系，推出事物的当然结果；供给研究自然科学的工具；适应社会上生活的需要；以数学的方法，发展学生论理的能力。将实用性目标和形式论理性目标并提，这对今天的数学教育仍有积极的意义，其中虽然没有明确的文字表述，但实际上"纲要"中已经蕴含了培养学生推理能力的教育目标。

1923 年的课程纲要经过了多次修订，1939 年修订的课程标准为《初中数学课程标准》和《高中数学课程标准》，一直沿用到 1949 年。当时数学教育的目标为使学生了解形与数之性质关系，并且知道运算理由与方法；供给学生日常生活中数学之知识及研究自然环境中数量问题之工具；训练学生关于计算作图之技能，养成计算准确迅速、作图精密整洁之习惯；培养学生分析能力、归纳方法、函数观念及探讨精神；使学生明了数学之功用，并欣赏其立法之精，应用之博，以启发向上探讨之兴趣。这些目标涉及了数学的基础知识、基本技能、能力、思维、数学观、个性品质诸多方面，除了强调学生对数学的作用和价值的认识，还要求所教授的知识应是现实生活和研究各科所必需的，同时也对数学教育提出了培养学生思维能力的要求。

三、中国现代的数学教育目标

1949 年以后我国处于现代教育时期。1949 年到 1951 年，我国的中学数学教育目的，基本上沿袭了 1949 年以前所引进的以美英为主的西方模式，1951 年后又学习了苏联。1951 年的数学教学大纲规定的教学目的包括培养学生形成与掌握形数知识、科学习惯、辩证思想和应用技能。其中，科学习惯包括教学须因数理之严谨，以培养学生观察、分析、归纳、判断及推理等科学习惯，以及探讨的精神、系统的好风尚；应用技能包含教学须训练学生熟悉工具（名词、记号、定理、公式及方法），使能准确计算、精密绘图，稳健地应用它们去解决（在日常生活、社会经济及自然环境中所遇到的）有关形与数的实际问题。

1952 年，中央人民政府教育部编订的《中学数学教学大纲（草案）》中规定：中学数学教学的目的是教给学生数学的基础知识，并培养他们应用这些知识来解决各种实际问题所必需的技能和熟练技巧。1956 年至 1957 年度公布的《中学数学教学大纲（修订）草案》中又增加了"发展他们的逻辑思维和空间想象能力"的要求。

1963 年，教育部颁布了《全日制中学数学教学大纲（草案）》，将我国数学教育的重点定为使学生牢固地掌握代数、平面几何、立体几何、三角和平面解析几何基础知识，培养学生正确而迅速的运算能力、逻辑思维和空间想象能力，以适应参加生产劳动和进一步学习的需要。

……

1978 年，教育部颁布《全日制十年制学校中学数学教学大纲（试行草案）》（简称《78 大纲》）。在这个大纲中，阐述了确定数学教学内容和实现数学教学内容现代化的"精简、增加、渗透"六字方针。其中精简了传统中学数学内容，增加微积分及概率统计、逻辑代数等初步知识，渗透集合、对应等现代数学思想，并提出了课程内容混合编排、数学课程不再分科的要求。

1982 年，人民教育出版社制定了《全日制六年制重点中学数学教学大纲（征求意见稿）》（简称《82 大纲》）。在这个大纲中，高中阶段按 3 种不同类型设置课程内容：第一种类型为单科性选修，第二种类型为侧重文科的选修，第三种为侧重理科的选修。

1986 年，国家对《78 大纲》进行了修订，制定了《全日制中学数学教学大纲》（简称《86 大纲》）。在该大纲中，阐述了选择数学教学内容的原则：精简传统的中学数学内容；在初中阶段，增加统计的初步知识，在高中阶段增加极限的简单应用和概率的初步知识作为选学内容；适当渗透集合、对应等数学思想；按分科编排中学数学内容。《86 大纲》中将数学教育的目的定为：使学生学好从事社会主义现代化建设和进一步学习现代科学技术所必需的数学基础知识和基本技能，培养学生的运算能力、逻辑思维能力和空间想象能力，以逐步形成运用数学知识来分析和解决实际问题的能力，要培养学生对数学的兴趣、激励学生为实现四个现代化学好数学的积极性，培养学生的科学态度和辩证唯物主义的观点。

1996 年，国家教委基础教育司颁布了《全日制普通高级中学数学教学大纲（供试验用）》，在该大纲中，将高中数学的教育目标表述为使学生学好从事社会主义现代化建设和进一步学习所必需的代数、几何的基础知识和概率统计、微积分的初步知识，并形成基本技能；进一步培养学生的思维能力、运算能力及空间想象能力，以逐步形成运用数学知识来分析和解决实际问题的能力；进一步培养良好的个性品质和辩证唯物主义观点。

2003 年，教育部正式颁布《普通高中数学课程标准（实验版）》（简称《03 标准》）。在这个标准中，阐述了希望学生通过高中阶段的数学学习，能够使学生获得必要的数学基础知识和基本技能，了解概念、结论等所蕴含的数学思想和方法，提高数学的提出、分析和解决问题的能力，力求对现实世界中蕴涵的一些数学模式进行思考和作出判断，形成批判性的思维习惯，从而进一步树立辩证唯物主义和历史唯物主义世界观。该课程标准指导了十余年普通高中课程改革的实践，促进了教育观念的革新和人才培养模式的变革，但是面对社会主要矛盾的转化，新时代对提高全体国民素质和人才培养质量的新要求，该标准还有一些不相适应和亟待改进之处（教育部基础教育课程教材专家工作委员会，2018）。

2018 年 1 月 16 日，教育部召开新闻发布会，介绍了自 2013 年启动，历时四年修订的《普通高中数学课标标准（2017 年版）》正式印发，并于 2018 年秋季开始执行。在该标准修订过程当中，系统地阐述了我国自 21 世纪初发生的教育理念与教育目标的变化。21 世纪初开始的课程与教学改革，是把课程目标从一维变为三维，就是把传统的"知识技能"这个一维目标，转变为"知识技能""过程方法""情感态度价值观"的三维目标（林玉慈 等，2018）。但是，对于三维目标中的"过程方法"，在课程标准中并没有说明通过这些"过程"让学生获得什么，为此在修订义务教育数学课程标准时，将"过程"目标表述为通过学生参与其中的数学活动过程，让学生感悟数学的基本思想，积累数学思维和实践的基本活动经验，这样就将传统数学教育的"双基"发展为"四基"。《义务教育数学课程标准（2011年版）解读》中强调："四基"的提出是在传统"双基"的前提下，加上了"基本思想"和"基本活动经验"，目的是通过数学的学习，让学生不仅把数学作为一种技术和手段，要学会思考，逐步具备抽象的能力和逻辑推理能力（教育部基础教育课程教材专家工作委员会，2012）。这与《标准（2017年版）》提出的数学学科核心素养与传统数学教育和"四基"一脉相承，只不过把数学学科核心素养放在了一个更加突出的位置上（史宁中 等，2017）。

数学核心素养与传统数学教育的关系是继承与发展。通过对近现代数学教育目的的梳理，我们可以知道我国基础教育阶段的数学教育，从未放松过对学生逻辑推理能力的培养。然而在实际课堂教学中，尤其是在高中阶段，教师往往更侧重对学生演绎推理能力的培养，对学生的归纳推理的培养就显得不那么重视。长此以往，学生的基础知识非常扎实，但学生的创新意识和应用能力会比较薄弱。《标准（2017年版）》提出的"逻辑推理素养"与传统的"逻辑推理能力"也具有继承与发展的关系，逻辑推理素养是对所培养的人的描述，不仅指这个人具有较强的逻辑推理能力，并且还表明他具备较好的思维品质。《标准（2017年版）》把《义务标准》中的演绎推理与合情推理统一修订为逻辑推理，这是第一次在纲领性文件中指出归纳推理、类比推理与演绎推理一样，都是有逻辑的思维过程，这对发展学生的创新能力有着非常重要的积极意义。

四、对我国古今数学教育目标的梳理与总结

通过对我国古代、近代和现代的数学教育目标的梳理和审视，可以发现虽然数学教学的内容和目标的深浅都几经变化，但从未忽视和放松过对学生逻辑推理能力的培养。古代与近代的教育目标更注重过程，学生们通过学习数学的知识，在实践中逐渐感悟数学的广泛应用性，从而实现"经世致用"的教育目标；现代数学教育更注重的是结果，就是通过对书本上知识的讲授，使学生能够掌握教材中呈现出的知识。要实现智慧的教育，就需要将注重过程的教育与注重结果的教育结合起来，既要掌握知识，又要联系实际，在学习的过程中感悟数学的思想，积累基本的数学活动经验。

数学教育目标从对知识和技能的培养，到能力的要求，再到对思维品

质的发展，这些发展和变化都在一定程度上反映了社会的需要和科技的进步。尽管如此，从我国数学的教育实际来看，这些确定的教育目标与实际贯彻并不能很好地协调一致，总存在着不同程度的差距，这些都是随着课程改革的推进需要解决的重要问题。由于演绎推理等价于逻辑准确的观念不论是在教师，还是在学生的头脑中，都是根深蒂固的，归纳推理、类比推理则因为结论的或然性，而被认为是没有逻辑的，因此在教师和学生的实践中，师生都不能大胆地应用归纳推理和类比推理，因此也就不能真正在教学中培养学生的创新能力和应用意识。

为此，最新颁布的《标准（2017 年版）》将《义务标准》中的合情推理和演绎推理，统一修订为逻辑推理，是为了强调归纳推理、类比推理与演绎推理一样，都是有逻辑的推理，都是遵循传递性原则的，都是从一个命题判断到另一个命题判断的思维过程；是为了教师在数学教学过程中，能将培养学生的归纳、类比与演绎能力并重，这对培养学生的创新能力与应用意识都有着非常重要的积极意义。

第二节　数学逻辑推理素养的维度及层次水平划分

一、数学逻辑推理素养的维度划分

上一部分阐述了《标准（2017 年版）》提出培养学生逻辑推理素养之教育目标的重要性与必要性，为了进一步了解高中生的数学逻辑推理素养所能达到的水平，合理地评价和培养学生的数学逻辑推理素养，需要将数学逻辑推理素养的维度进行划分。划分度量数学逻辑推理素养的维度，首先需要考虑的是素养与逻辑之间的关系。一方面，逻辑推理素养的落脚点是素养，指的是在情境中，体现在人身上的知识、能力和态度，是依托于逻辑推理所凝练出来的人的思维品质。另一方面，素养是依附于推理这一逻辑思维形式的，所以必须要从逻辑推理的分类入手。根据《标准（2017 年版）》的表述，逻辑推理主要包括两类：从特殊到一般的归纳、类比；从一般到特殊的演绎，也就是说，高中阶段的逻辑推理主要涉及了归纳、类比和演绎这三种推理形式。

这样，为度量高中生的数学逻辑推理素养水平，依据《标准（2017 年版）》对逻辑推理内涵和外延的表述，本书把数学逻辑推理素养划分为演绎推理、归纳推理和类比推理三个维度进行考察。

二、数学逻辑推理素养的层次水平划分

逻辑推理是得到数学结论、构建数学体系的重要方式，是数学严谨性的基本保证，是人们在数学活动中进行交流的基本思维品质。上文将数学逻辑推理素养划分为演绎推理、归纳推理和类比推理进行考察。这部分需要在维度划分研究的基础上，进一步划分出高中生的数学逻辑推理素养水平。下面结合理论研究与实证调查，把高中生数学逻辑推理素养所能达到的水平进行划分。

（一）数学逻辑推理素养水平划分的理论依据

从哲学的角度来看，近代哲学以反省的警觉、批评的锐进、反对权威和研习为特点，强调思想行动与感情之自由。在知识方面，也是反对拘束，要求自由，确信人类理性的力量，强调人的认识能力（弗兰克·梯利，2017）。英国哲学家培根，是学问革新运动的模范代表，培根非常注重实用目的，认为知识由感觉发生，而感觉由物质方面而得来，心灵或理性是作用于感觉所供给的材料上。康德认为，思想必有其对象，思想的对象来自感觉，人通过感觉获得对象或知觉（康德称之为经验的直觉），经悟性加以思维、理解和认识，遂成概念（弗兰克·梯利，2017）。康德将人的认识能力或阶段分为感性、知性和理性三种，其中：感性是人接受外界刺激、形成感觉经验的能力，人运用"时间""空间"两种认识形式，把外界刺激提供的杂乱材料整理成感性认识；知性是人依据概念和范畴，将感性材料整理成有条理的科学知识的能力；理性是整理知性材料使认识形成完整统一体的最高认识能力，知性只能认识"现象"，理性则要求认识"本体"（王子彬 等，1991）。这样，从哲学的角度讲，根据康德的观点，人的认识阶段可区分为三个水平。

从心理学的角度，皮亚杰认为到了 11 岁至 15 岁，青少年的思维能力

超出了所感知的具体事物，表现出能进行抽象的形式推理，进入了"形式运算阶段"。克莱门特等对学生证明技能的发展提出了综合性的看法，认为儿童的思维一开始是不能反省的，不是系统化的，所以也不具有逻辑性，然后发展为限制在经验的水平上的逻辑性思考，最后才有能力进行逻辑演绎推理，在数学体系中作有意识的操作运算，并且提出 11、12 岁以上的青少年就可能以假设为基础进行形式化的演绎推理（李士锜，2001）。朱智贤和林崇德通过一系列的测试和实验，提出初二年级是思维发展的关键期，高一或高二年级是思维发展的成熟期，在校青少年的推理发展存在着年龄特征，他们的形式推理能力随年级递增而逐步分化，初三较初一而言有了质的区别，高二学生的推理能力已经趋于成熟，归纳推理能力和演绎推理能力的发展趋势一致（朱智贤 等，2002）。

从教育神经科学的视角来看，核心素养的核心在于人脑的认知能力，通过实验来研究数字归纳推理的认知成分，其中包含识别、计算、检查三个子成分，并依次给出了这三个子成分存在的眼动证据（周新林，2016）。

从教育学的角度，史宁中认为从教育所涉及的内容考虑，人对世界的感觉和认知大概可分为经验、知识和智慧三个层次，智慧是经验的一种升华，在很大程度上依赖于知识，但本质上依赖于对知识的理解和对各种知识之间相互关联的掌握，依赖于利用知识指导实践的经验和动手实践的能力（史宁中，2006）。荷兰乌得勒支大学教授 Jan de Lange 在 *Assessment：No change without problem* 中关于重塑评估的等级划分中，也将评估等级划分为低级、中级和高级三个水平（De Lange，Jan，1992）。

这样，本书以哲学中对人认识能力的阶段划分为形而上的理论依据，以心理学上对中学生推理能力发展的研究为形而下的实证依据，从数学教育的角度，把高中生的数学逻辑推理素养划分为三个水平。

（二）数学逻辑推理素养水平划分的实践依据

逻辑推理素养的水平划分不仅要有理论依据，更应符合实践情况，本书根据研究编制的测试卷的测试结果，来说明层次水平划分在实践上的合理性。

1. 测试结果反馈——演绎推理

对演绎推理的考查题目中，包含性质命题和关系命题表达的考查，还包括对完全归纳法、经典三段论、反证法及数学归纳法的测试。下面举例说明。

题目 1-3：同弧所对的圆周角的大小等于圆心角的一半，这个结论就是圆周角定理。请同学们试着证明这个结论。

圆周角定理是初中就学习过的内容，该定理的证明不仅要应用经典三段论进行数学论证，还需要考虑到圆心与圆周角的位置关系的全部情况，三种情况都需要考虑到才行。

经统计，将参与测试的高中生写出的所有答案列举如下。

（a）空白。

（b）画出图形，但不能给出证明。

（c）给出一种情况的证明。通常给出的为圆心在圆周角的一边的情形。

（d）给出两种情况的证明，一般是圆心在圆周角的一边、圆心在圆周角内部这两种情况；

（e）完整地完成了圆周角定理的证明。

从答题情况看，高中生对此题的答题情况大致可以分为三个水平。（1）水平一：只能画出图形，并给出一种情况的数学证明；（2）水平二：能考虑到需要分情况讨论（画出两种或两种以上情况的图形）并至少给出一种情况的数学证明；（3）水平三：能够完整地分三种情况证明圆周角定理。

通过统计，把学生关于此题的答题情况描述如表 4-1 所示：

表 4-1　高中生关于圆周角定理的答题情况

年级	人数百分比		
	水平一	水平二	水平三
高一	69.96%	20.46%	2.96%
高二	76.68%	30.33%	3.52%
高三	76.71%	34.24%	3.49%

经调查统计和数据分析，发现高中生圆周角定理的证明情况随着年级

的升高而提升，但能够考虑三种情况并给出完整证明的人数百分比仍然很低，高二年级和高三年级反映出来的答题情况是差不多的，在水平二和水平三的表现都略好于高一年级。

题目1-4：如果一个整数的各个位数的和能够被3整除，那么这个整数就能被3整除。请尝试证明这个结论。

这个规律对于学生来说，是记忆当中约定俗成并已在解题当中多次运用过的，似乎是理所应当的不需要证明，就必然正确的结论。但事实上，这个数学命题必须用演绎推理来证明，方能验证其正确性。经统计，把参与测试的高中生写出的所有答案情形列举如下。

（a）列举出若干个具体的二位数和三位数，验证了这些整数都能被3整除。

答：以各个位数的和能够被3整除的两位数、三位数或四位数为例，如24、123、1 224等，试图证明该命题结论的正确性。

（b）将二位数表示成 ab，证明符合条件的二位数能被3整除。

答：整数 ab 可以表示为 $10a+b$。

$ab=10a+b=9a+(a+b)$

因为9能被3整除，所以 $9a$ 一定能被3整除；

又因为 $a+b$ 也能被3整除，所以 $9a+(a+b)$ 就能被3整除。

所以，各个位数的和能够被3整除的两位数 ab 能被3整除。

（c）将三位数表示成 abc，证明符合条件的三位数能被3整除。

答：整数 abc 可以表示为 $100a+10b+c$。

$abc=100a+10b+c=99a+9b+(a+b+c)$

因为99和9都能被3整除，所以 $99a$ 和 $9b$ 一定都能被3整除。

又因为 $(a+b+c)$ 也能被3整除，所以 $99a+9b+(a+b+c)$ 就能被3整除。

所以，各个位数的和能够被3整除的三位数 abc 能被3整除。

（d）将四位数表示成 $abcd$，证明符合条件的四位数能被3整除。

答：整数 $abcd$ 可以表示为 $1000a+100b+10c+d$。

$abcd=1000a+100b+10c+d=999a+99b+9c+(a+b+c+d)$

因为999和99和9都能被3整除，所以 $999a$ 和 $99b$ 和 $9c$ 一定能被3整除。

又因为 $(a+b+c+d)$ 也能被3整除，所以 $999a+99b+9c+(a+b+c+d)$

就能被 3 整除。

所以，各个位数的和能够被 3 整除的四位数 能被 3 整除。

（e）把 n 位整数表示成 $a_1a_2\cdots a_{n-1}a_n$，证明若 n 位整数的各个位数的和能够被 3 整除，那么这个整数就能被 3 整除。

答：整数 $a_1a_2\ldots a_{n-1}a_n$ 可以表示为 $a_1\times 10^n+a_2\times 10^{n-1}+\cdots+a_{n-1}\times 10+a_n$.

$a_1a_2\cdots a_{n-1}a_n = a_1\times 10^n+a_2\times 10^{n-1}+\cdots+a_{n-1}\times 10+a_n$

$= a_1\times(10^n-1)+a_2\times(10^{n-1}-1)+\cdots+a_{n-1}(10^{n-1}-1)+(a_1+a_2+\cdots+a_{n-1}+a_n)$

因为前 $n-1$ 项能被 3 整除，又因为 $(a_1+a_2+\cdots+a_{n-1}+a_n)$ 也能被 3 整除，所以 $a_1\times 10^n+a_2\times 10^{n-1}+\cdots a_{n-1}\times 10+a_n$ 就能被 3 整除。

所以，各个位数的和能够被 3 整除的 n 位整数 能够被 3 整除。

从答题情况看，高中生对此题的答题情况大致也可以分为三个水平。（1）水平一：答题处空白或者列举出具体的符合条件的数来试图说明结论的准确性；（2）水平二：用符号表示符合条件的两位数、三位数及四位数，验证该结论的准确性；（3）水平三：用符号表示符合条件的一般的数，即符合条件的 n 位数，运用演绎推理来验证该数学结论的准确性，并且用数学语言严谨地表述了相关论证过程。

经统计，把学生关于此题的答题情况描述如表 4-2 所示：

表 4-2 高中生关于"整除"题的答题情况

年级	人数百分比		
	水平一	水平二	水平三
高二	91%	14%	5.1%
高三	93.8%	13.9%	6.2%

通过上面的数据可以发现，绝大多数的高中生，面对解释不清楚的数学命题时，都会采取举例子的方式来阐述命题的合理性，但是，只有极少数的高中生能够把问题抽象为数学命题，先用数学的语言进行符号表达，然后运用逻辑推理进行数学论证。此题的测试结果也反映出了高中三个年

级的水平具有层次性，同样也是绝大多数学生都能达到水平一，但达到水平二的人数百分比较低，达到水平三的学生就极少了，并且高二和高三年级情况相近，均高于高一年级。

2.测试结果反馈——归纳推理

这一部分要考查的是，学生是否能够在情境中发现规律、提出命题，并且是否能够把特例推广到更一般的情况，是否能够找到数学的研究对象所构成的集合并把握其本质特征，是否能用准确的数学语言定义这个集合。下面举例说明：

题目 2-2：请同学们想象风筝的形状，并尝试进行以下研究过程。①试着画出风筝的图形；②写出筝形的特点；③请试着给出筝形的定义。

这一题是希望通过熟悉的现实事物入手，考查学生在学习了如此多的数学知识，积累了一些经验后，是否可以把现实世界中的事物抽象为数学的研究对象，是否能够弄清并描述抽象出的研究对象的特点，是否能够对这些特点描述进行归纳概括和反复验证推敲，最终形成严谨的、明确的数学定义。

①画出风筝的图形

调查结果显示，几乎所有的学生都能够画出风筝所抽象出的几何图形——筝形，但其中有极少数的学生（低于2%）画出了如蝴蝶、章鱼等形状的风筝，不过这类答题情况随着年级的升高而降低，高三年级的学生就没有去画其他形状风筝的了。

②写出筝形的特点

参与调查的学生都是高中生，他们已经有了初中的几何知识积累，能够明确知道平行四边形、菱形等平面几何图形的定义、性质和判定，所以他们能在这些知识的基础上，来研究筝形的特点和性质。经调查，高中生写出筝形特点的所有答案情况如下。

Ⅰ描述筝形的边、角、对角线的性质

边：（a）筝形的两组邻边相等；（b）筝形的四条边都相等；（c）筝形的对边平行；（d）筝形的对边不平行。

角：（a）筝形的内角和是360°；（b）筝形的一组对角相等；（c）筝形的两组对角相等。

对角线：（a）筝形的一条对角线平分另一条对角线；（b）筝形的相邻两边所夹角被对角线平分；（c）筝形的对角线互相垂直；（d）筝形的一条对角线是对称轴；（e）筝形的对角线相等。

Ⅱ 描述筝形的整体图形特征的

轴对称性：（a）筝形是轴对称图形；（b）筝形只有一条对称轴。

由三角形拼凑而成：（a）筝形可以分成两个等腰三角形；（b）筝形有三对全等三角形。

筝形的归类：（a）筝形是四边形；（b）筝形是平行四边形；（c）筝形是菱形。

筝形的面积：（a）筝形的面积 $S = \frac{1}{2}h_1 \cdot h_2$（$h_1$，$h_2$ 是筝形的对角线）。

Ⅲ 描述筝形（风筝）的外观的

（a）筝形有稳定性；（b）筝形是扁平的；（c）筝形有美感。

以上答案有正确的也有错误的，无路如何，上述统计的各种回答情况，说明高中生能够根据已掌握的描述平面几何图形的方式（如边、角及对角线等）出发，对筝形的特点加以描述。

通过统计，将学生对筝形性质的描述情形如表 4-3 所示。

表 4-3　高中生关于筝形性质的答题情况统计

年级	人数百分比		
	空白	写出一个特点	写出两个或两个以上特点
高一	15.5%	16.5%	68%
高二	17.4%	23.6%	59%
高三	24%	26.7%	49.3%

上表显示高中生对筝形特点的描述，写出两个或两个以上特点的人数百分比随年级的升高而降低，但经进一步分析，可以发现学生对特点描述的准确率，却随年级升高了，也就是说，高年级的学生虽然不会写出尽可能多的特点，但他们写出特点的准确率较高。

③尝试给出筝形的定义

上文已经表述了构建实质定义的方式，就是用"属加种差"的方法指明研究对象。这种方法可以用数学的语言表达为

$$x \rightarrow P, \ x \in \Omega \Longrightarrow x \in A$$

其中，A 是"种"；Ω 是"属"；P 是"种差"。构建数学的实质定义必须满足"名实相等"，即定义的"两端"（被定义项的名称与被定义概念的内涵）必须是对称的（外延相等）。所以，还需要把上面的数学表达式加以补充如下：

$$x \rightarrow P, \ x \in \Omega \Longrightarrow x \in A$$

$$x \rightarrow P \Longrightarrow x \in \Omega, \ x \rightarrow A$$

也就是说，如果要对一个数学概念构建实质定义，首先要判断是否存在一个集合，能够明确知道这个概念是否属于这个集合，然后对这个数学概念内涵的表述要足够清晰，这样才能得到一个明确研究对象内涵的性质，使上面的两个表达式都成立。

拿此题为例，筝形的实质定义既能以边的性质为准则构建，也能以对角线的性质为准则构建。

①筝形的第一实质定义：两组邻边分别相等的四边形是筝形。

这里面，四边形是 Ω，也就是"属"；筝形是 A，也就是"种"；两组邻边分别相等是 P，也就是"种差"。

②筝形的第二实质定义：有一条对角线垂直平分另一条对角线的四边形是筝形。

这里面，四边形是 Ω，也就是"属"；筝形是 A，也就是"种"；有一条对角线垂直平分另一条对角线是 P，也就是"种差"。

经统计，发现高中生给出的筝形定义，一般是他们探究出的筝形特点（性质）的排列组合，其中能够准确给出筝形定义的学生不超过 35%。

常见的错误是把筝形跟平行四边形的定义、菱形的定义混淆，不能区分清楚它们之间的差异。比方说，"四条边都相等的四边形是筝形""对角线互相平分的四边形是筝形"等诸如此类的错误描述。

上面举出的两个错误定义都是性质命题，这两个命题都试图述说筝形这个研究对象的本质。但是，这两个命题所表述的说明内涵的性质，不能使实质定义的被定义项的称谓与定义项的内涵述说满足充分必要性。因为，

筝形的两组邻边分别相等，但不一定四条边都相等；筝形的对角线可能互相平分，也可能不互相平分。所以，对于"种"——等形来说，"四条边都相等""对角线互相平分"都不能作为四边形这个"属"的"种差"。所以，这两个表述都不能构成"筝形"的实质定义。

测试结果表明，学生把现实世界中的对象（风筝）抽象成数学的研究对象（筝形）进行研究的过程中，极少有学生能够运用性质命题阐述清楚研究对象的实质定义，明确被定义项的称谓与定义项的内涵述说之间的充分必要性。

题目2-5：我们在初中数学课程中已经涉及三角函数，那时三角函数是在直角三角形中讨论进行学习的。请同学们思考，三角函数研究的是什么问题？

三角函数是从初中就开始学习，到高中仍要继续学习的重要内容。研究发现，一般情况下学生们面对具体的学习内容，找出研究对象的差异很容易，但是要发现共性并进行一般性的归纳是非常困难的。这道题的设计初衷，是希望学生就已经学习过的研究对象，归纳它们的共性，进而感悟数学研究对象的本质。

经统计，将参与测试的高中生写出的所有答案列举如下。

（a）直角三角形的三边关系。

（b）角度所对应的边与边之间的关系。

（c）三边关系。

（d）三角形的各边之比。

（e）直角三角形中任意两边之间的比。

（f）角的大小。

（g）某一个锐角的斜率。

（h）解三角形。

（i）三角形边和角的关系。

（j）直角三角形中三边随内角度数变化的关系。

（k）三角形中两边及一角的关系。

（l）代替函数，使运算简单。

（m）已确定形式的函数。

（n）函数的周期和对称等性质。

将此题所有写出的答案进行梳理，可以发现高中生对此题的答题情况也可以分为三个水平。（1）水平一：只能认识到边的关系或只能认识到角的关系；（2）水平二：能考虑到三角函数研究的是边和角的关系，但没有将这种关系上升到一般的函数情形来考虑；（3）水平三：认识到这类内容研究的是三角形边和角的关系，并能将这种关系放在函数中考虑。

通过统计，将学生关于此题的答题情况描述如图4-4所示。

表4-4　高中生关于三角函数的答题情况

年级	人数百分比		
	水平一	水平二	水平三
高一	72.28%	31.68%	7.24%
高二	79.78%	65.45%	9.43%
高三	95.89%	78.76%	9.61%

经调查统计，发现高中生对三角函数的认识情况随着年级升高而水平提升，高二年级和高三年级反映出的答题情况是差不多的，回答情况都好于高一年级。

3.测试结果反馈——类比推理

类比推理在本质上与归纳推理一样，都是根据已经验的推断未经验的，但类比这种形式有其特殊性，它可以从个别到个别，也可以从一般到一般，所以类比是逻辑推理包含的形式中，最具直觉成分的，也因此被赋予了更多的创造性，这使得类比推理成为发现问题、提出猜想的重要武器。下面举例说明。

题目3-4：从一个点引出三条不在同一平面内的射线，用一个平面截这三条射线，所得到的图形就是三棱锥。从一个点引出四条射线，并且任三条射线不在同一平面上，用一个平面截这四条射线，所得到的图形就是四棱锥。请同学们找出棱锥的顶点数、面数及棱数之间的关系，并给出理由。

本题是希望学生通过三棱锥、四棱锥、五棱锥等的顶点数、面数及棱数之间的关系，探究 N 棱锥的顶点数 V、面数 F 及棱数 E 之间的关系，自己发现欧拉公式所表达的规律。

经调查，将高中生写出的所有答案列举如下。

（a）顶点数 V 为 $N+1$。

（b）面数 F 为 $N+1$。

（c）棱数 E 为 $2N$。

（d）$V+F-E=2$。

（e）顶点数为 1。

从高中生对此题的答题情况同样可区分出三个水平。（1）水平一：能归纳出 N 棱锥的顶点数 V 是多少，或者能归纳出 N 棱锥的面数 F 是多少，或者能归纳出 N 棱锥的棱数 E 是多少；（2）水平二：能同时归纳出 N 棱锥的顶点数 V、面数 F 和棱数 E；（3）水平三：能够发现归纳出 N 棱锥的顶点数 V、面数 F 及棱数 E 之间的关系和规律。

通过统计，把学生关于此题的答题情况描述如表 4-5 所示。

表 4-5　高中生关于欧拉公式的答题情况

年级	人数百分比		
	水平一	水平二	水平三
高一	73.9%	26.1%	7.6%
高二	84.6%	48%	15.4%
高三	84.9%	54.1%	15.1%

经调查统计和数据分析，发现高中生对棱锥的顶点数 V、面数 F 及棱数 E 之间关系的探究能力随着年级升高而水平提升，但能够探究出规律的人数百分比仍然很低，高二年级和高三年级反映出来的答题情况是差不多的，都远强于高一年级，这也与前面反映出的总体测试结果相一致。

（三）基于理论分析与实践研究划分逻辑推理素养水平

根据哲学、心理学、教育神经科学和教育学的相关研究，以及实际测试得到的结论反馈，本书把高中生的数学逻辑推理素养划分为三个维度（演绎推理、归纳推理、类比推理）、三个水平（经验阶段、分析阶段、综合阶段），具体表述如下。

1. 水平一：经验阶段

处于这个水平的学生，他们的逻辑思维正在形成，但是感性认识仍然起着重要的作用，所以他们对数量或图形的性质、数量关系或图形关系等的归纳和类比，都需要具体形象作为支持；他们能够根据所获得的信息和给出的要求，得出简单直接的结论，做出的推论也仅仅能够针对具体的问题。

在三个维度上的具体表现如下。

演绎推理：能从熟悉的数学命题的条件与结论中发现它们的逻辑关系；能证明简单的数学命题，相对有条理地表述论证过程；能根据已知信息，针对具体的问题，得出简单直接的结论。

归纳推理：明白通过归纳推理得到的结论是或然成立的，能够通过熟悉的例子理解归纳推理的形式；能在熟悉的情境中，通过归纳推理发现个别的数量或图形性质、个别数量关系或个别图形关系。

类比推理：明白通过类比推理得到的结论是或然成立的，能在熟悉的数学内容中，分辨出哪些运用了类比推理；能通过类比推理发现另一个集合的数量或图形性质、数量关系或图形关系的特例。

2. 水平二：分析阶段

处于这个水平的学生，他们的思维具有更高的抽象性，逐渐脱离具体形象的限制，逐步提高逻辑思维能力。他们能够将问题的不同方面联结起来得出推断，能够将复杂的研究对象分解，能够进行多步骤的论证，进而做出系列的推断。

在三个维度上的具体表现如下。

演绎推理：能明白命题中条件与结论间的关系，并结合实例作出判断；能通过常用的数学证明方法验证数学命题；能通过举反例说明某些数学命题不成立。

归纳推理：能明白归纳推理的基本形式，并结合数学与生活中的实例，认识归纳推理的传递性；能在关联的情境中发现并提出数学问题，通过归纳推理把特殊的命题推广到更一般的情形。

类比推理：能明白类比推理的基本形式，并结合数学与生活中的实例，认识类比推理的传递性；能通过类比推理发现另一个集合的性质和关系。

3. 水平三：综合阶段

处于这个水平的学生，他们逐渐形成了有逻辑的思维，能够分辨抽象与具体、一般与特殊，能够有条理地进行比较复杂的推理过程，能够独立思考新的证明方法，进行综合推断或对推断进行评价。

在三个维度上的具体表现如下。

演绎推理：能对充分条件、必要条件及充要条件进行准确判断，并给出理由；能根据复杂的信息，探索新的论证途径，并用严谨的数学语言表达论证过程。

归纳推理：能在综合的情境中，通过归纳推理找到数学的研究对象构成的集合，把握集合的本质特征，并能用准确的数学语言定义这个集合。

类比推理：能在综合的情境中，根据一个集合的属性和性质，通过类比推理发现另一个集合，并能用准确的数学语言定义这个集合。

这样，逻辑推理素养的维度及水平俱已划分和表述清楚，现用表格对逻辑推理之维度与层次水平进行划分表述，如表4-6所示。

表 4-6　数学逻辑推理素养之维度与层次水平划分表

水平	维　度		
	演绎推理	归纳推理	类比推理
水平一 （经验阶段）	能从熟悉的数学命题的条件与结论中发现它们的逻辑关系 能证明简单的数学命题，相对有条理地表述论证过程	明白通过归纳推理得到的结论是或然成立的，能够通过熟悉的例子理解归纳推理的形式 能从熟悉的情境中，通过归纳推理发现个别的	明白通过类比推理得到的结论是或然成立的，能从熟悉的数学内容中，分辨出哪些运用了类比推理 能通过类比推理

续表

水平	维 度		
	演绎推理	归纳推理	类比推理
水平一 （经验阶段）	能根据已知信息，针对问题的一个方面，得出简单直接的结论	数量或图形性质、个别数量关系或个别图形关系	发现另一个集合的数量或图形性质、数量关系或图形关系的特例
水平二 （分析阶段）	能明白命题中条件与结论间的关系，并结合实例作出判断 能通过常用的数学证明方法验证数学命题 能通过举反例说明某些数学命题不成立	能明白归纳推理的基本形式，并结合数学与生活中的实例，认识归纳推理的传递性 能在关联的情境中发现并提出数学问题，通过归纳推理把特殊的命题推广到更一般的情形	能明白类比推理的基本形式，并结合数学与生活中的实例，认识类比推理的传递性 能通过类比推理发现另一个集合的性质和关系
水平三 （综合阶段）	能对充分条件、必要条件、充要条件进行准确判断，并给出理由 能根据复杂的信息，探索新的论证途径，并用严谨的数学语言表达论证过程	能在综合的情境中，通过归纳推理找到数学的研究对象构成的集合，把握集合的本质特征，并能用准确的数学语言定义这个集合	能在综合的情境中，根据一个集合的属性和性质，通过类比推理发现另一个集合，并能用准确的数学语言定义这个集合

　　逻辑推理素养的维度与水平划分研究最终还是要落实到教师的教学和学生的学习上，只有真正了解学生学习的特点和规律，才能有效地为数学课程标准的修订和教材的编写提供参考，为教师的教学提供理论依据。后面的第五章会依据确立的维度及层次水平划分，对高中生数学逻辑推理素

养能达到的水平进行分析。

三、数学逻辑推理素养的关键要素

"逻辑"一词自古以来为人们广泛使用，在现代汉语里，"逻辑"是一个多义词，在使用时依据上下文的不同联系而具有不同的含义，有时可以指客观事物的规律性（如"事物的逻辑"）；有时指思维的规律性（如"论证要合乎逻辑"）；有时指一种特殊的理论、观点（如"这是地地道道的强盗逻辑"）；有时指思维的科学——形式逻辑（如"学点文法和逻辑"）。对于"推理"一词，《辞海》当中的解释是由一个或几个已知判断（前提）推出未知判断（结论）的思维形式，推理是客观事物的联系通过人们的实践在意识中的反映，由推理得到的知识是间接的（辞海编辑委员会，1980）。

《逻辑学辞典》中对"推理合乎逻辑"的解释为"推理合乎逻辑"即"推理有逻辑性"，是指进行推理时遵守推理的逻辑规律和规则，思维的逻辑性是以客观事物的逻辑为基础的，正确的推理在于它正确地反映了客观对象、现象之间的联系，才能做出合乎逻辑的推理（逻辑学辞典编委会，1983）。

数学的产生源于现实世界，之所以能够得到发展，是因为数学与逻辑结缘。西方认为数学是由古希腊文明首创的，泰勒斯是现在所知的最早的希腊数学家，据说他领导的爱奥尼亚学派开了命题证明之先河，后来毕达哥拉斯学派继泰勒斯之后，使论证数学这一新方向得以成长（李文林，2002）。历经了雅典时期的柏拉图和亚里士多德，数学的演绎化倾向得到了实质性的进展，许多几何定义得到了更精密的讨论，同时还区分了作为数学推理出发点之基本原理的公理和公设，这使得数学推理规律被规范化和系统化了。欧几里得的《几何原本》是数学与逻辑的完美结晶，其中依靠逻辑和演绎，以基本定义、公设和公理作为全书推理的出发点去探寻真理，构成了历史上第一个数学公理体系。数学与逻辑和演绎相结合的巨大力量，从《几何原本》对后世之深远影响可见一斑。但是，数学不能仅依靠逻辑体系得到进一步的发展，必须从外部经验汲取营养。

历史地审视数学的发展可以发现，数学从现实世界起源，但必须依靠逻辑推理得以发展，然后再反过来服务于现实世界。古代中国注重经世致用，这个理念几乎体现在包括数学在内的所有领域，所以中国古代时期所研究的数学包括土地丈量等现实需要，其思维形式主要是基于经验的归纳。《九章算术》是中国古代数学著作的代表，全书 246 道应用题，涉及方田、盈亏等实际问题的计算。其中的数学成就十分丰富，解法十分清晰和规范，但是并没有通过逻辑把思维系统化，所以也没有得到很好的发展。这也说明，仅仅依靠经验和注重实用，没有明确定义的数学，是不能借助逻辑把思维上升到理性的，也无法得到进一步的发展。数学要在过程中产生和发展，必须依靠两类思维的有机结合，这两类思维就是基于理念的演绎和基于经验的归纳、类比。

该轮的课程改革中，《标准（2017 年版）》提出的"逻辑推理素养"与传统的"逻辑推理能力"既有区别，又有联系。认识"逻辑推理素养"的内涵需要把握逻辑与素养之间的关系（教育部基础教育课程教材专家工作委员会，2018）："其一，逻辑推理表述的落脚点是素养，即指的是体现在人身上的能力、品格，本质上是依托于逻辑推理所凝练出来的人的一种思维品质；其二，逻辑推理素养是紧紧依附于推理这一逻辑思维形式的，所以要真正认清素养的内涵，必须从数学推理的逻辑属性及要求入手。"

《标准（2017 年版）》对数学逻辑推理素养的具体要求是通过高中数学课程的学习，学生能提出和论证数学命题，掌握逻辑推理的基本形式；理解事物之间的关联，把握知识结构；形成重论据、有条理、合乎逻辑的思维品质和理性精神，增强交流能力。《标准（2017 年版）》对逻辑推理素养的主要表现也进行了描述：掌握推理的基本形式和规则，发现问题和提出命题，探索和表述论证过程，理解命题体系，有逻辑地表达与交流，涵盖了逻辑的起点、推理的形式以及结论的表达。

数学推理的对象是数学命题，数学命题中隐含着数学的研究对象的定义。《墨经》中有一段从功能上认清定义、命题、推理这三者之间关系的论述，史宁中（2016）将之解释为"通过定义明确讨论问题的对象，通过命题表述讨论问题的实质，通过论证得到讨论问题的缘由。定义是之于对象的抽象，抽象了的定义构成了研究的对象；定义本身并没有表述研究对象的实质，研究对象的实质是通过命题表述的；命题所表述的东西不一定就是正确的，其中的道理是需要论证的。"数学在发展的过程中和逻辑结下了不解之缘，演绎与归纳、类比这两类思维方式的紧密结合促使数学发展和壮大。根据《标准（2017年版）》对逻辑推理的具体要求以及主要表现，以及概念、命题、推理之间的关系，将逻辑推理分为四个关键要素进行研究：①定义与命题的表达；②推理的一般形式；③归纳推理的思维过程；④演绎推理的思维过程。

（一）定义与命题的表达

数学推理的对象是数学命题，一个数学命题可以被判断的前提，是这个命题所涉及的概念内涵必须非常清晰，否则不可能给出准确的判断，进而不可能进入到逻辑推理的程序（史宁中，2009）。因此，定义与命题的表达涉及两个方面的问题：一是数学定义的表达；二是数学命题的表达。

1. 数学定义的表达

任何思考活动，都有其特定的对象。一般说来，思考者往往也会知道自己的研究对象，但若不明确研究对象的本质，往往会导致对概念外延和内涵的不清晰甚至不准确，因此就不能很好地解决问题，当然也就更谈不上创新了。概念是判断、推理与论证的基础，概念是思维的起点，人们通过判断、推理与论证所获得的新认识，又要形成新的较深刻的概念。在这个意义上，概念又是判断、推理与论证的结晶，概念又是人们某个阶段的认识的终结（金岳霖，2005）。形式逻辑学认为定义是解释概念内涵的逻辑方法，是一种解释概念所反映的对象所共有的本质属性的逻辑方法。把概念的本质属性揭示出来，用恰切精炼的语言文字加以表述，便形成了概念的定义。

只有基于对研究对象的准确、深刻的认识，才能够对事物进行准确、恰当的定义。法国启蒙思想家伏尔泰总是这样要求："假如你要和我谈论，请先把你的概念的定义说正确。"因为错误的定义往往会导致思维的混乱。比如说，古代哲学家柏拉图曾给"人"定义为"没有羽毛的两脚直立的动物。"他的一个学生将一只鸡拔光了毛，说："这就是柏拉图的'人'！"这个玩笑说明了柏拉图的"人"的定义的失当，同时也说明为概念下定义有着极大的难度。

数学的定义述说了数学的研究对象。尽管形式逻辑认为定义必须从内涵方面明确概念，但由于数学研究对象的特殊性，需要将数学定义区分为两种形式：名义定义、实质定义或者用名义定义的方法，以公理体系为清晰的保证；或者用实质定义的方法，以充分必要条件作为清晰的保证（史宁中，2016）。

1）名义定义

名义定义，顾名思义，指的是用举例说明或是标明符号的方法，赋予某类事物一个称谓，其目的是为这一类事物取个名字。比方说索页"称这样的图形为三角形"，这种定义就是名义定义。在这个定义中，这样的图形就是所要定义的东西，是被定义项；三角形是被定义项所指的东西，是定义项。

如上所述，逻辑学中认为定义是揭示概念内涵的逻辑方法。名义定义并不能揭示研究对象的内涵，之所以有其存在的必要性，是由于数学的某类研究对象之特殊性。因为在数学学科中，一些最为基础的概念，比如点、线、面、数、集合等，这些概念基础到无法表示清楚它们的内涵。正如胡塞尔所批判的那样，人们只能定义逻辑上的复合物，遇到终极的基础概念，所有的定义都终止了（李义民，2016）。对于这类概念，只能采取名义定义的方式来表达，比如"集合"。

张景中（2003）曾说过："在数学里，集合就像生活世界里的空气一样无所不在，像空气一样无比重要，像空气一样极为平凡……事实上，集合是一个原始概念……它太基本了，基本得无法用其他更基本的东西来定义它，而只能用它来定义人家。"试图揭示"集合"概念的定义最早由数学家康托给出，认为集合是研究对象的全体，但他无法表达清楚研究对象究竟是什么。这种试图揭示最基础数学概念的定义引发了包括"理发师悖论"等诸多问题。现在被人们广泛认同的"用大写字母 A、B、C 表示'集合'"，这个对集合的定义就是采取名义定义的方式来表达的，该定义舍弃了被定义对象的一切物理背景，达到了极致的抽象，从而避免了悖论的出现。

2）实质定义

实质定义指的是揭示某一类对象所共有之本质属性的逻辑手段。揭示研究对象本质属性最基本的方式是种属定义法，它的公式是

种差 + 属概念 = 被定义概念（种概念）

这个"属加种差"的公式可以用数学的语言来表达。如果用 A 表示一个元素，表示一个集合，Ω 表示一个类，P 表示一个性质；$x \rightarrow P$ 表示 x 具有

性质 P；$A \rightarrow P$ 表示集合 A 中的全部元素都具有性质 P；"$\Longrightarrow$"表示得到结论，相应的术语是"则"或者是"那么"。上面文字公式可以用数学符号表达为

$$x \rightarrow P, x \in \Omega \Longrightarrow x \in A$$

其中，A 是"种"；Ω 是"属"；P 是"种差"。如表 4-7 所示。

表 4-7　实质定义的表达

种差	+ (助词)	属概念	= (判断词)	被定义概念 (种概念)
两组对边分别平行		四边形		平行四边形
两组对边分别平行	的	平行四边形	叫作 (是)	矩形
两组对边分别平行		矩形		正方形

构建数学的实质定义必须"名实相等"，即定义的"两端"（被定义项的名称与被定义概念的内涵）必须是对称的（外延相等）。所以，还需要对上面的数学表达式进行补充如下：

$$x \rightarrow P, x \in \Omega \Longrightarrow x \in A$$

$$x \in A \Longrightarrow x \in \Omega, x \rightarrow P$$

为概念下定义必须同时满足上面两个数学表达，另外还必须注意语言文字的恰切精炼，下面通过例子来做说明。

例如：试分析正棱锥的如下的各个"定义"。

①底面是正多边形，侧面都是全等的等腰三角形，顶点在底面上的射影正是底面的中心的棱锥，叫作正棱锥。

②底面是正多边形，侧面是等腰三角形的棱锥，叫作正棱锥。

③侧面都是全等的等腰三角形的棱锥，叫作正棱锥。

④底面是正多边形，侧棱长都相等的棱锥，叫作正棱锥。

⑤底面是正多边形，侧面都是全等的等腰三角形的棱锥，叫作正棱锥。

⑥如果一个棱锥的底面是正多边形，并且顶点在底面的射影是底面的中心，这样的棱锥叫作正棱锥。

例题分析：这里面定义①把一些导入属性也纳入概念的定义中了，这

使定义不满足最小性的要求，定义的语言不恰切精炼。

②③表述没有同时满足上面两个表达式的要求，因此存在着反例，下面分别说明，如图4-1和图4-2示所示。

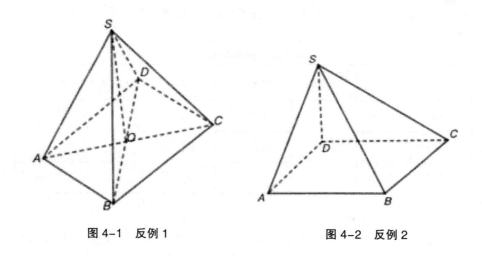

图4-1　反例1　　　　　　　　　图4-2　反例2

②的表达存在反例，如图4-1所示，$BA=BS=CS=CD$，$SA=SD$，$SA \neq SB$ 时，此时这个图形不是正棱锥。

③的表达同样存在反例，如图4-2所示，四边形 $ABCD$ 是菱形，O 为对角线的交点，$SO \perp$ 底面 $ABCD$，$AS=CS=AB$，但 $SB \neq SA$，此时这个图形也不是正棱锥。

定义④、⑤、⑥，通过证明可以发现它们的表述实际上是等价的，但定义⑥的表述涉及了高和底面中心，这样可以自然地引出底面半径和边心距，这样对后面的学习和之后的解题似乎都更方便一些。

通过上面的例子可以总结出构建实质定义所必须注意的一些问题。第一，实质定义是揭示概念内涵的逻辑方法，揭示出的是概念所反映的对象所共有的本质属性；第二，实质定义并没有，也没有必要揭示对象的全部属性，定义必须具有简洁的表达形式，仅需要指出那些最根本的、最能反映对象特性的属性，使得它能与其他概念区别开来就够了；第三，同一概念有多种不同的定义方法，这是因为一旦最基本的属性确定以后，其他属性就可以由此推演出来。

2. 数学命题的表达

　　数学命题是数学推理的对象。数学最基本的表达方式就是定义和命题，数学定义述说了数学的研究对象，数学命题述说了数学的研究结果（欧文·M·柯匹 等，2007）。命题必须能并且只能提供判断，命题表述的结果可能是正确的或错误的，其形式是可以被肯定或被否定的陈述语句（过伯祥，1999），比如"圆周率 π 的第 2 位小数数码是 4"，这是一个数学命题，因为这个陈述句可以进行判断，并且舍去了一切物理背景。

　　数学公式也能看作数学命题，比如公式"$(a+b)^2=a^2+2ab+b^2$"，如表 4-8 所示。

表 4-8　公式的表达

主项	连接词	谓项
$(a+b)^2=a^2+2ab+b^2$	有	相等关系

　　数学命题的可判断性依赖于数学定义的清晰性和准确性，反过来，数学定义的合理性也可以用数学命题的判断来验证。根据命题的结构，可以将命题分为简单命题和复合命题，复合命题根据其结构，又可以分为联言命题、选言命题和假言（条件）命题。以数学上多见多用的命题为准，根据命题陈述的内容，还可以把数学命题区分为性质命题（直言命题）和关系命题（假言命题）。性质命题的表达涉及研究对象的性质，关系命题的表达涉及多个研究对象之间的关系。

　　1）性质命题的表达

　　性质命题是主谓式的，表达的内容是研究对象具有（或者不具有）某种性质。性质命题同样可以用数学的语言来表达。用 P 表示研究对象，表示一个性质，用系词"是"（或"不是"）把研究对象 与性质 P 连结起来，此时性质命题的陈述内容可以用数学语言表达为

$$(x \in A)\, x \to P$$

其中，$x \in A$ 的意思是命题中的所指项定义必须非常清晰。性质命题可分为

肯定陈述和否定陈述两种，需要注意的是命题的所指项 x 的定义必须准确清晰，下面举例进行说明（见表4-9）。

表4-9 命题的表达

种类	举例	形式
全称肯定命题	对顶角相等	集合 A 的所有元素都具有性质 P
全称否定命题	异面直线不相交	集合 A 的所有元素都不具有性质 P
特称肯定命题	有的函数有极值	集合 A 的某些元素具有性质 P
特称否定命题	有的多项式无实根	集合 A 的某些元素不具有性质 P

如果用集合 A 表示命题"所指项"构成的集合，用集合 B 表示"命题项"构成的集合，那么集合 A 和集合 B 之间的关系有5种：A 与 B 同一；A 真包含于 B；A 真包含 B；A 与 B 交叉；A 与 B 全异。对应 A 与 B 的5这种关系，上面四类性质命题的真假关系如表4-10所示：

表4-10 四类性质命题的真假关系表

命题 真假 类别	$A=B$	B A	A B	A B	A B
A 都是 B	真	真	假	假	假
A 都不是 B	假	假	假	假	真
有的 A 是 B	真	真	真	真	假
有的 A 不是 B	假	假	真	真	真

2）关系命题的表达

关系命题是为阐述研究对象之间的关系的。关系命题可以写成"条件"与"结论"两个部分，再用逻辑连接词把条件和结论联系起来，表述成"如果……那么……""若……则……"等形式。如果用 Q 表示条件，用 P 表示结论，关系命题的陈述同样可以用数学语言表达（史宁中，2016）。

如果 $x \to Q$，那么 $x \to P$.

此时的 x 不是单一的研究对象，而是两个或者两个以上的研究对象。数学关系命题的条件与结论之间的关系，有充分的、必要的和充分必要的三种，所以对应的关系命题有以下三种类型，如表 4-11 所示。

表 4-11　三类关系命题的结构及举例

种类	举例	结构	判断
充分条件关系命题	如果一个整数 n 能被 9 整除，那么这个整数一定能被 3 整除	如果 Q 那么 P（若 Q 则 P）	有 Q 必有 P（有之必然，无之未必不然）
种类	举例	结构	判断
必要条件关系命题	一个整数 n 只有能被 3 整除，这个整数才能被 9 整除	只有 Q 才 P	无 Q 必无 P（无之必不然，有之未必然）
充要条件关系命题	当且仅当一个整数 n 的各位数字和能被 3 整除，那么这个整数才能被 3 整除	当且仅当 Q 才 P	有 Q 必有 P，无 Q 必无 P（有之必然，无之必不然）

上面三类关系命题中，充要条件是数学中比较令人满意的结果，实质定义就是满足充要条件的关系命题，所以如果可以能把充分不必要和必要不充分这两类关系命题转化为充要条件关系命题，应用起来就会非常方便。下面举例说明。

例如直线和平面平行的判定定理：

$a \subset \alpha$，$b /\!/ \alpha$，且 $b \not\subset \alpha \Longrightarrow b /\!/ \alpha$（$a$，$b$ 为直线，α 为平面）.

这里，"$a \subset \alpha$，$b /\!/ a$"是"$b /\!/ \alpha$"的必要条件；"$b \not\subset \alpha$"也是"$b /\!/ \alpha$"的必

必要条件，将这两个不充分的条件组合在一起就构成了充分条件。

（二）推理的一般形式

这部分关于逻辑推理的讨论包括两部分的内容：①逻辑思维的基本要求；②推理的基本形式。

1. 逻辑思维的基本要求

推理是从一个命题判断到另一个命题判断的思维过程，对于数学命题的判断必须基于三个基本前提：同一律、矛盾律和排中律。

1）同一律与数学同一律

同一律指的是一个事物与自身同一，一个定义或者一个命题不能同时是自身又是别的，也就是说，在论证过程中不能随意变换概念。数学同一律可以用数学符号进行如下表示（史宁中，2016）：

如果一个集合 A 是确定的，那么，一个元素 x 属于集合 A 或者不属于集合 A，二者必居其一，并且在论证过程中这个关系是不变的。

在思考的过程中，如果违反了同一性的要求，思维就会出现混乱。下面举例进行说明。

例如：百米赛跑，甲比乙早到 5 米，甲比丙早到 10 米，那么乙比丙早到多少米？

有人给出答案如下：

甲比乙早到 5 米，∴ 甲 = 乙 + 5。　　　　　　　　　　①

甲比丙早到 10 米，∴ 甲 = 丙 + 10。　　　　　　　　　②

∴ 乙 + 5 = 丙 + 10。

∴ 乙 = 丙 + 5。　　　　　　　　　　　　　　　　　　③

即 乙比丙早到 5 米。　　　　　　　　　　　　　　　　④

这个答案就违反了同一律：题干中前两个"早到"指的是甲跑到终点时，乙、丙之间相差几米；题干中第三个"早到"，指的是乙跑到终点时，乙与丙之间的距离。所以，实际上①②③式都不恒成立，仅是某一时刻才成立而已，所以③④所指的并不相同。

2）矛盾律与数学矛盾律

矛盾律指的是命题 Φ 不能同时是真的又是假的。如果用 Φ^c 表示否命题，这个定律可以数学符号表示如下。

如果用 P 表示命题中的性质，那么，不存在集合 A，使得 $x\in A$，$x\rightarrow P$ 和 $x\sim P$ 同时成立。

矛盾律是反证法的基础。如果我们想要证明一个命题成立，可以先假定这个命题的否命题成立，由此推出矛盾，从而得出假设不成立的结论，进而证明原命题成立。

3）排中律与数学排中律

排中律是指一个命题 Φ 不是真的就是假的。如果用 Φ^c 表示否命题，这个定律的含义就是 Φ 与 Φ^c 有且仅有一个成立。排中律也可以用数学符号表示如下。

如果用 P 表示命题中的性质，那么，存在集合 A 使得 $x\in A$，$x\rightarrow P$ 或者 $x\sim P$。

排中律的应用数不胜数，下面举例说明。

例如：求证存在两个无理数 a，b，使 a^b 是有理数。

证明：已知 $\sqrt{2}$ 是无理数，$(\sqrt{2})^{\sqrt{2}}$ 是实数。

若 $(\sqrt{2})^{\sqrt{2}}$ 是有理数，那么已经找到 $a=b=\sqrt{2}$，使 $a^b=(\sqrt{2})^{\sqrt{2}}$ 为有理数。

若 $(\sqrt{2})^{\sqrt{2}}$ 是无理数，那么可以取若 $a=(\sqrt{2})^{\sqrt{2}}$，$b=\sqrt{2}$，那么 $[(\sqrt{2})^{\sqrt{2}}]^{\sqrt{2}}=(\sqrt{2})^{\sqrt{2}\cdot\sqrt{2}}=(\sqrt{2})^2=2$ 为有理数。

根据排中律，$(\sqrt{2})^{\sqrt{2}}$ 或者是有理数，或者不是无理数（即为有理数），二者必居其一。

因此，总存在无理数 a，b，使 a^b 是有理数。

这个证明，虽然没有说明 $(\sqrt{2})^{\sqrt{2}}$ 是有理数还是无理数，但依据逻辑思维应该遵循的基本规律，对命题做出了完美的验证。

基于以上表述，逻辑思维的基本要求就是必须基于三个基本前提：同一律、矛盾律和排中律。

2. 推理的基本形式

数学推理的逻辑性不言而喻，但是就什么样的思维过程是有逻辑的、什么样的思维过程是没有逻辑的，只有史宁中在数学范围内对简单推理的逻辑性，进行了深刻思考和详细论述。史宁中（2016）认为："一个简单推理是有逻辑的推理，当且仅当这个简单推理具有传递性，传递性可以区分为关系传递性和性质传递性两种形式。"

1）关系传递性

关系传递的意思是：令 A 是一个集合，$\approx$ 是集合上的二元关系。称这个关系对于集合具有传递性，对于集合中的元素 a，b 和 c，如果 $a \approx b$，$b \approx c$，则 $a \approx c$。令 $\odot$ 是集合 A 上的一种运算。称这个关系对于运算具有传递性，如果 $a \approx b$，则 $a \odot b \approx b \odot c$。在关系传递性的推理中，所论及的满足关系或者运算的研究对象（包括等价物）的范围是不变的，因此通过这样推理得到的结论是必然正确的，把符合关系传递的推理称为演绎推理。

2）性质传递性

性质传递在本质上可分为两类，但是为了尊重传统习惯，也为了讨论方便把它分为三类。

第一类性质传递：令 A 是一个集合，P 是一个性质。$A \to P$，如果 $x \in A$，则 $x \to P$。

第二类性质传递分为两种情况。

情况一：令 A 是一个集合，P 是一个性质。$x \to P$，如果 $x \in A$，则 $A \to P$。

情况二：令 A 和 B 是两个集合，Q 是一个属性，P 是一个性质。A 和 B 中的元素都具有属性 Q，如果 $A \to P$，则 $B \to P$。

第一类性质传递的范围是由大到小的。假定 A 是一个集合，P 是一个性质，x 是一个元素。如果集合 A 中的所有元素具有性质 P，x 是集合 A 中的元素，那么 x 就具有性质 P。数学证明采取的就是这个方法，把符合第一类性质传递的推理也称之为演绎推理。

第二类性质传递情况一的范围是由小到大的。假定 A 是一个集合，P 是一个性质，x 是一个元素。如果元素 x 具有性质 P，x 是集合 A 中的一个元素，那么就推断集合 A 中的所有元素都具有性质 P。比方说，如果一个数的各位数之和能被 3 整除，那么这个数就能被 3 整除。可以通过 12、15、18 等各个位数的和是可以被 3 整除的数，推断对于所有的各个位数的和能被 3 整除的数都能被 3 整除，这是经验的结果。把符合性质传递情况一的推理称为归纳推理。

第二类性质传递的情况二。令 A 和 B 是两个集合，Q 是一个属性，P 是一个性质。集合 A 和集合 B 中的元素都具有属性 Q，如果 A 集合有性质 P，则推断集合 B 也有性质 P。这也是通过经历过的东西推断没有经历过的东西，因此本质上也是一种归纳推理，为了尊重传统习惯，把这种推理称为类比推理。

综上所述，基于简单推理的逻辑推理，或者说基于简单推理的数学推理，只有《标准（2017年版）》述说"逻辑推理"时所论及的两类：一类是从一般到特殊的演绎推理；一类是从特殊到一般的归纳推理和类比推理。

（三）归纳推理的思维过程

数学推理的对象是数学命题，数学命题的验证依赖的是归纳、类比，而不是演绎，因为严格来说，论证本身并不能产生新的知识，新的知识主要是由一些猜想构成的。这一部分的讨论包括基于一个类的归纳，也包括基于两个或两个以上类的类比。

1. 归纳的思维过程

达尔文说："科学就是整理事实，以便从中得出普遍的规律或结论。"爱因斯坦认为："科学家必须在庞大的经验事实中间抓住某些可能由精密公式来表示的普遍特征，由此探索自然界的普遍真理。"在这里面，通过"整理经验事实""抓住普遍特征"，进而"得出普遍性的结论"就是归纳的过程，就是从特殊的经验事实中发现一般性的规律的思维方法（过伯祥，1999）。上面第二类性质传递的情况一表述了简单推理之归纳推理，归纳推理的模式可以做如下表达：

x_1 具有性质 P。

x_2 具有性质 P。

x_3 具有性质 P。

……

x_k 具有性质 P。

x_1，x_2，x_3，…，x_k 都是集合 中的元素。

─────────────────

集合 A 中的所有元素可能都具有性质 P。

下面通过二项式定理" $(a+b)=C_n^0 a_n + C_n^1 a^{n-1} b + \cdots + C_n^k a^{n-k} b^k + \cdots + C_n^n b^n$ "的发现讨论归纳推理的思维过程。

首先，很容易知道 $n=1$，$n=2$，$n=3$ 的情形：

S_1：$(a+b)^1 = a+b$。

S_2：$(a+b)^2=a^2+2ab+b^2$。

S_3：$(a+b)^3=a^3+3a^2b+3ab^2+b^3$。

它们都是 S_n：$(a+b)^n (n \in N)$ 的一种情况，需要探索的是它们的展开式具有什么共同的性质 P；$(a+b)^{20}$ 的展开式是怎么样的；$(a+b)^n$ 怎样一般地展开。

下面先把 $(a+b)^4$ 展开：

$$(a+b)^4=(a+b)^3(a+b)$$
$$=(a^3+3a^2b+3ab^2+b^3)(a+b)$$
$$=(a^3+3a^2b+3ab^2+b^3) \cdot a+(a^3+3a^2b+3ab^2+b^3) \cdot b$$
$$=a^4+(3+1)a^3b+(3+3)a^2b^2+(1+3)ab^3+b^4$$
$$=a^4+4a^3b+6a^2b^2+4ab^3+b^4$$

希望从上面的过程和结果中，发现一些共同的规律性的东西，也就是希望找出共同的性质 P。由于二项式定理中涉及了项数、系数、各项中字母及其指数的特点，为了方便观察和发现其中的规律，列出表格，如表 4-12 所示。

表4–12 二项式定理前四项规律表

n	项数	各项中字母及其指数的特点				系数的规律
1	2	a		b		1　1
2	3	a^2	ab	b^2		1　2　1
3	4	a^3	a^2b	ab^2	b^3	1　3　3　1
4	5	a^4	a^3b	a^2b^2	ab^3	b^4　　1　4　6　4　1

表格内容如果排列得好，就会较容易探究其中的规律，根据表中呈现的内容，可以做出猜测，如表 4-13 所示。

表 4-13　二项式定理规律猜测表

	$(a+b)^{20}$	$(a+b)^n$
项数	共 21 项	共 $n+1$ 项
项数	a^{20}, $a^{19}b$, $\cdots$, a^2b^{18}, ab^{19}, b^{20}	a^n, $a^{n-1}b$, $a^{n-2}b^2$, $\cdots$, ab^{n-1}, b^n

关于各项的系数，一时还看不出规律。$(a+b)^n$ 的展开式的形式大致如下：

$$(a+b)^n=a^n+(\quad)a^{n-1}b+(\quad)a^{n-2}b^2+\cdots+(\quad)ab^{n-1}+b^n$$

接下来就要想办法确定各项的系数，探索系数有什么共同特性。首先把前面各式的系数单独分离出来，做各种排列、尝试，从中试着寻找，看能找出什么规律。如果找出的规律对 $n=5$，$n=6$ 时的系数也相符，那么发现的规律就更可靠了。

```
              1
n=1       1  1              1  1
n=2       1  2  1           1  2  1
n=3       1  3  3  1        1  3  3  1
n=4       1  4  6  4  1     1  4  6  4  1
        （尝试Ⅰ）          （尝试Ⅱ）
```

比如，从尝试Ⅰ，可以猜测：

第一纵列全部为 1，所以 a^n 项的系数是 1。

第二纵列顺次是 1，2，3，$\cdots$，正好与 $(a+b)^n$ 的指数 n 是一样的，也就是 $a^{n-1}b$ 项的系数是 n。

如果反复琢磨尝试Ⅰ，或许还可以猜测出第 3 列以后的规律：

某 1 纵列某数 = 前 1 纵列在此数以前的 1 列数的和，可以猜测 $n=5$ 时的系数：

第 3 项系数 =1+2+3+4=10。

第 4 项系数 =1+3+6=10。

第 5 项系数 =1+4=5。

这样的话第 5 行的系数可能为

1　5　10　10　5　1

又偶然想到以下对照（这需要经验的积累和灵感的乍现）：

1	2	1	与	1	3	3	1
C_2^0	C_2^1	C_2^2		C_3^0	C_3^1	C_3^2	C_3^3

再继续做一些验证，就可能会猜测：

$(a+b)^n$ 的第 $k+1$ 项的系数为 C_n^k。

剩下的就是验证命题的过程，这里就不表述论证过程了。

从这个例子可以领悟到归纳推理的思维过程。观察材料的合理排列与合适对照是导向有逻辑推理的有效途径，一般来说，这需要经验的积累和灵感的乍现。在得到猜想的过程中，总是得先对一些特殊情况做试验，然后设法从中归纳出一般性的规律、公式和结论，接下来就可以对得到的命题进行验证了。

需要注意的是，规律的发现是过程性的，这个过程不是一蹴而就的，往往需要反复推敲和验证才行。归纳推理的思维基础是得到集合，若发现这个集合中的元素具有某个性质或者符合某种规律，那么就推断这个集合中的所有元素都符合这个规律。为了得到结论，往往需要调整集合的大小，一般是缩小集合，或者弱化性质以得到结论（史宁中，2016）。

2. 类比的思维过程

类比推理是依据两个或两类事物在许多属性上都相同，推出它们在其他属性上也相同（金岳霖，2005）。由于比较是确定对象之间差异点和共同点的方法，所以比较是类比的基础。类比推理的模式可以做如下表达：

S 对象具有属性 a，b，c，d

S 对象具有属性 a，b，c

_____

S 对象可能具有属性 d

类比作为一种推理方法，既不同于基于一个集合的从大范围到小范围的演绎推理，也不同于基于一个集合的归纳推理。类比推理可以从个别到个别，比如鲁班被锯齿边的草割伤后造出锯子，也可以从一般到一般，比如类比平面上的勾股定理，研究 n 维空间的勾股定理是否成立。类比推理是逻辑推理包含的推理形式中包含最多直觉成分的，因此被赋予更多的创造性，使得类比推理成为发现问题、提出猜想及建立模拟的重要武器。

在其他领域，美国工程师杜里埃从事内燃机研究工作，需要使汽油汽化以提高内燃机工作效率，后来他偶然看到妻子喷洒香水时用的喷雾器获得启发，参考喷雾器的工作原理，终于设计出了内燃机的汽化器，美国的莫尔斯为了解决莫尔斯电码在传送时发生的信号衰减问题，参考了邮车每到一个驿站都要更换马车以保证车的行进速度的工作，想到在电报输送过程中沿途设置信号放大站，解决了信号衰减的问题，还有参考袋鼠跳跃姿势设计的"跳跃机"，参考企鹅的体型以及滑雪时的动作设计出的"极地越野汽车"，等等，不胜枚举。在数学领域，如果说归纳推理更多地应用于得到关于"数的性质"的命题，那么类比推理则更多地应用于得到关于"图形性质"的命题，彭加勒猜想就是应用类比方法得到数学命题的典范（史宁中，2016）。

数学的思维活动中，广泛地使用着各种不同的类比方法，比如同构和同态，就是在两个数学系统中建立的明确类比。

例如：如果用 a，b 表示实数，复数域与坐标平面点集之间就可以建立起一一对应的关系 $a+bi \leftrightarrow (a, b)$，对于坐标法而言，可规定加法和乘法运算：

$$(a, b) + (c, d) = (a+c, b+d)；(a, b) \cdot (c, d) = (ac-bd, ad+bc)$$

这与 $a+bi$，$c+di$ 间的运算结果是对应一致的，所以在复数域与坐标平面点集之间就可以建立同构关系。这样的话，复数域的性质和结果就可以类比为坐标系的性质和结果来研究。

从上面对类比推理的运用过程可以发现，有效地使用类比方法的关键，在于是否能够有效地找到可以类比的模型，这就需要思维者具有丰富的知识，了解知识间的内部联系，掌握知识的结构，洞察问题的实质，并且还需具有丰富的想象力，善于从不同形式的事物中发现共同的相似的东西。数学思维中的所谓异中求同，"数学家善于找出几个论断之间的相似，优秀的数学家能够确定几种论证的相似，权威的数学家则能阐明理论的相似，但还可以想象，有的人能够在几种相似之间发现相似"（张乃达，1990）。另外，与类比的创造性紧紧地联系在一起的是类比的或然性，所以在数学的思维过程中，既要大胆地运用类比推理，更要对类比得到的命题小心求证，进行严格的检验和证明。

（四）演绎推理的思维过程

演绎推理是从一般到特殊的推理，它按照严格的逻辑规则进行，带有形式化的特点。演绎推理的结论是必然成立的，或者说只要前提条件正确，那么推理的结果就必然正确，因此，它可以为数学命题提供有逻辑的证明，也可以被用来揭示出蕴含在命题中的隐藏信息，揭示出事物间的内部联系。

演绎推理的典范是亚里士多德规定的三段论学说，三段论推理是由大前提、小前提和结论组成的。三段论的一个形式是

I . 所有的 M 是 P

所有的 S 是 M

_____

所以，所有的 S 是 P

其中，S, M, P 分别是小项、中项和大项。中项 M 是在大前提和小前提中包含，而在结论中不包含的项；小项 S 为小前提所包含，在结论中是主项；大项 P 为大前提所包含，在结论中是谓项。例如：

矩形是对角线相等的四边形（大前提）

正方形是矩形（小前提）

_____

∴ 正方形是对角线相等的四边形（结论）

上面为三段论的一个形式，三段论的其他三个形式如下：

II . 所有的 M 不是 P

所有的 S 是 M

_____

所以，所有的 S 不是 P

III . 所有的 M 是 P

有的 S 是 M

_____

所以，有的 S 是 P

IV . 所有的 M 不是 P

有的 S 是 M

_____

所以，有的 S 不是 P

对于上述三段论的四个形式，为了保证形式有效，还需要注意其中的逻辑规则，即同一律、矛盾律和排中律。数学证明是验证数学命题的过程，依赖的就是演绎推理这种思维形式，下面举出一些数学上的证明方法，来说明演绎推理的思维过程。

1. 倒推法

倒推法是从结论追溯到前提的推理，就是从要证明的命题倒推到用来导出它的命题。如果用 B_n 表示结论，用 A 来表示前提，那么倒推法的过程可以表示为

$B_{n-1} \to B_n$，$B_{n-2} \to B_{n-1}$，$B_{n-2} \to B_{n-1}$，…，$B_1 \to B_2$，$A \to B_1$

已知 A 真，所以 B_n 也是真的。

要证明 B_n 是真的，已经发现了 $B_{n-1} \to B_n$ 是真的，只要去证明 B_{n-1}；接着，要证明 B_{n-1} 为真，又知道 $B_{n-2} \to B_{n-1}$ 是真的，所以只要去证 B_{n-2}；这样继续下去，要证明 B_1 为真，发现了 $A \to B_1$ 为真，且 A 为真是已知的，于是倒推至此即可结束，整个证明就完成了，下面举例说明。

例如　用倒推法分析三垂线定理的证明。

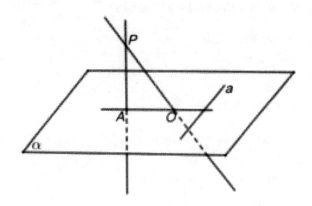

图 4-3　三垂线定理的证明

已知：如图 PA、PO 分别是平面 α 的垂线、斜线，AO 是 PO 在平面 a 上的射影，$a \in α$，$a \perp AO$．

求证：$a \perp PO$．

分析：要证明 $a \perp PO$

已有 $PO \subset$ 平面 (PAO)，只要去证 $a \perp$ 平面 (PAO)。

要证明 $a \perp$ 平面 (PAO)，

已知 $PA \perp a$，只需证 $PA \perp a$。

要证明 $PA \perp a$，

已知 $a \in \alpha$，只要有 $PA \perp a$，而 $PA \perp \alpha$ 已知。

至此，倒推完成，结论得证。

2. 完全归纳法

完全归纳法是把命题的前提分成几个部分，再分别予以考察，分别进行证明的方法，如果用 A 表示前提，B 表示结论，完全归纳法可以表达为：

要证明命题 $A \rightarrow B$ 为真，如果发现

$A = A_1 \cup A_2 \cup A_3 \cup \cdots \vee A_n$（无遗漏），其中 $A_i \cap A_j = \varnothing$，$i \neq j$

那么就可以把问题转化为考虑这 n 个命题：$A_1 \rightarrow B$，$A_2 \rightarrow B$，$\cdots$，$A_n \rightarrow B$，是否全是真的。下面举例说明：

例如：证明 $\dfrac{|1-x^2|}{1+|x|} = ||x| - 1|$。

此题可分为下面四个情况分别予以证明：

当 $x \in (-\infty, -1)$ 时，左边 $= \dfrac{x^2-1}{1-x} = -x-1$，

右边 $= |-x-1| = -x-1$；

当 $x \in (-1, 0)$ 时，左边 $= \dfrac{1-x^2}{1-x} = 1+x$，

右边 $= |-x-1| = 1+x$；

当 $x \in (0, 1)$ 时，左边 $= \dfrac{1-x^2}{1+x} = 1-x$，

右边 $= |x-1| = 1-x$；

当 $x \in (1, +\infty)$ 时，左边 $= \dfrac{x^2-1}{1+x} = -x-1$，

右边 $= |x-1| = x-1$；

所以有 $\dfrac{|1-x^2|}{1+|x|} = ||x| - 1|$。

3. 反证法

反证法是通过确定原命题相矛盾的否命题为假，然后由假推真，来证明原命题正确的一种证明方法。它的推理是：

为证明命题 P 真，先假设与命题 P 的否命题 $\overline{P}$ 为真，然后由 $\overline{P}$ 真推导出一对互相矛盾的命题 Q 与 $\overline{Q}$，这说明假设不成立，那么也就证明了命题 P 为真。下面举例说明：

例如：证明存在无穷多个素数。

（这个命题涉及"无限"，直接证明难以入手，反证则很方便了。）

证明：假设素数是有限个，假设这些素数的全体为：$p_1, p_2, \cdots, p_n$ 共 n 个。

令 $m = p_1 \cdot p_2 \cdots p_n + 1$，显然 m 不能被上述任意一个 p_i（$i = 1, 2, \cdots, n$）整除。

既然这 n 个素数 p_i 都不能整除 m，只有两种可能：

或者 m 本身是素数，那么素数至少有 $(n+1)$ 个；

或者 m 不是素数，那么就存在素数 q 可以整除 m。

由于 m 不能被上述任意一个 p_i 整除，所以 q 就是不同于 $p_1, p_2, \cdots, p_n$ 的另一个素数，这样的话素数也至少有 $(n+1)$ 个。

两种情况都与假设"只有 n 个素数"的假设矛盾。

所以，存在无穷多个素数。

4. 数学归纳法

数学归纳法是根据自然数理论建立起来的，用于证明某些与自然数有关的数学命题 $\forall n \in N(P(n))$ 的一种方法。它的推理程序是：

设 $P(n)$ 是与自然数相关的命题，如果：

（1）当 $n = 1$ 时，$P(1)$ 成立；

（2）假定对任一自然数 n，假设 $P(n)$ 成立，可证明 $P(n+1)$ 也成立。

下面举例说明。

例如：设 n 为任意自然数，求证 $f(n) = 5^n + 2 \cdot 3^{n-1} + 1$ 能被 8 整除。

证明：1° 当 $n = 1$ 时，$f(1) = 5 + 2 + 1 = 8$，能被 8 整除，命题成立。

2° 假设当 $n = k$ 时命题成立，即假设 $f(k) = 5^k + 2 \cdot 3^{k-1} + 1$ 能被 8 整除，则当 $n = k+1$ 时，有

$$f(k+1) = 5^{k+1} + 2 \cdot 3^k + 1 = 5 \cdot 5^k + 6 \cdot 3^{k-1} + 1$$
$$= (5^k + 2 \cdot 3^{k-1} + 1) + 4(5^k + 3^{k-1})$$

$$=f(k)+4(5^k+3^{k-1})$$

这里，5^k 和 3^{k-1} 都是奇数，它们的和 5^k+3^{k-1} 一定是偶数，所以 $4(5^k+3^{k-1})$ 一定是 8 的倍数. 根据假设，$f(k)$ 能被 8 整除，所以 $f(k+1)$ 必能被 8 整除，也就是说，当 $n=k+1$ 时命题也成立。

结合 1° 和 2°，对一切自然数 n，本命题成立。

逻辑推理主要的推理形式有演绎、归纳和类比，其中演绎推理是必然性推理，归纳和类比推理是或然性的。由上所述，定义与命题的表达、推理的一般形式、归纳推理的思维过程、演绎推理的思维过程是理解数学逻辑推理的四个关键要素，这四个关键要素的交融使得人们从已有知识开始获得新知识，促使了数学的发展和壮大。

总而言之，《标准（2017 年版）》明确提出逻辑推理素养是为了培养创新型人才。为了教师在教学中更好地培养学生发展和形成逻辑推理素养，丰富逻辑推理素养的理论内涵，本章述说了逻辑推理的四个关键要素，分别为：定义与命题的表达、推理的一般形式、归纳推理的思维过程，以及演绎推理的思维过程。这个过程并不是一蹴而就的，而是循环往复的。明确数学的研究对象是什么，清晰地述说数学的命题，是进行数学归纳推理和数学演绎推理的基础；熟练地应用演绎推理与归纳推理，便能够使学生对数学研究对象的认识越来越清晰，逐渐感悟逻辑推理过程的传递性。学生经过了长时间的、亲身体验的数学思维过程，就会逐渐建立起数学直观。

第五章　高中生数学逻辑推理素养的实证研究

基于对数学逻辑推理素养的理论建构，本章根据数学逻辑推理素养的三个维度（演绎推理、归纳推理和类比推理）与三个水平（经验阶段、分析阶段、综合阶段）的划分来设计试卷，对高中生逻辑推理素养的测试结果进行数据分析，了解高中生数学逻辑推理素养的现状与水平。

第一节　高中生数学逻辑推理素养的调查测试

一、测试题目的数据分析

以下为数据分析的说明。

（1）为了数据处理方便，完全错误或空白为 0 分，水平一的题目满分为 1 分，水平二的题目满分为 2 分，水平三的题目满分为 3 分。

（2）如果学生越过中间步骤得到最终答案，则按最终答案赋分，若学生书写了中间步骤，但没有给出最终结果，可按参考答案酌情给 1 分或 2 分。

（3）详细赋分标准见附录 1，此外，部分题目学生如有比较新颖的答案，能体现出创新意识,可酌情加 1 分到 2 分(这样是为了体现《标准(2017)版》提出的满意原则和加分原则)。

本测试的样本分布,如表 5-1 所示。

表 5-1　参加调查的学生情况表

学校	年级						合计（人）
	高一（人）		高二（人）			高三（人）	
HRB1	39	44	37	47	44	36	247
HRB2	36	26	36	38	—	40	176
CC1	50	26	49	40	—	34	199
CC2	48	34	39	26	—	36	183
总计	303		356			146	805

测试的结果如下。

（一）参加调查的各学校各年级的平均分

参加测试各学校各年级的平均分,如表 5-2 所示。

表 5-2　参加测试各学校各年级的平均分（共 50 分）

学校	年级						总平均分
	高一（人）		高二（人）			高三（人）	
HRB1	27.04	28.52	31.78	29.11	44	36	247
HRB2	19.61	23.86	25.1	22.86	—	40	176
CC1	23.63	28.07	30.24	27.31	—	34	199
CC2	22.62	25	24.61	24.08	—	36	183

将各学校各年级测试卷的平均分绘制成柱形图,如图 5-1 所示。

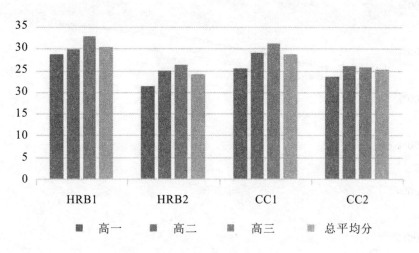

图 5-1 各学校各年级平均分图

将各学校各年级测试卷的成绩进行统计,发现高中生的逻辑推理素养水平不理想,各年级的平均分少于总分的一半,即得分率低于 50%。从测试成绩上来看,高一年级的成绩均低于高二年级,高二年级和高三年级的成绩相近,高三年级的成绩略高于高二年级,并且省重点学校各年级的成绩都高于普通高中各年级的成绩。

(二)参加测试的各年级平均分及各年级间的显著性差异

经统计,高一、高二、高三年级的测试平均分数,如表 5-3 所示。

表 5-3 各年级平均分表(共 50 分)

年级	平均分(得分率)
高一	22.62（46.45%）
高二	26.36（52.72%）
高三	27.93（55.87%）

为了更加直观，将上面的成绩绘成折线图，如图 5-2 所示。

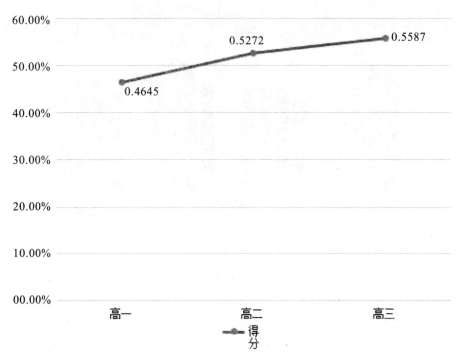

图 5-2　各年级平均得分率折线图

下面利用 SPSS 软件，对各年级的成绩进行单因素方差分析。

高一年级与高二年级对测试分数的单因素方差分析结果，如表 5-4 所示。

表 5-4　不同年级对测试分数的单因素方差分析结果

总分	方差分析				
	平方和	自由度	均方	F 值	显著性
组间	1 818.240	1	1 818.240	40.386	0.000
组内	29 579.344	657	45.022		
总数	31 397.584	658			

高一年级与高三年级对测试分数的单因素方差分析结果如表 5-5 所示。

表 5-5 不同年级对测试分数的单因素方差分析结果

总分	方差分析				
	平方和	自由度	均方	F 值	显著性
组间	1 872.822	1	1 872.822	38.752	0.000
组内	21 602.683	447	48.328		
总数	23 475.506	448			

高二年级与高三年级的分析结果如表 5-6 所示。

表 5-6 不同年级对测试分数的单因素方差分析结果

总分	方差分析				
	平方和	自由度	均方	F 值	显著性
组间	109.199	1	109.199	2.747	0.098
组内	19 879.401	500	39.759		
总数	19 988.600	501			

从上面的单因素方差分析结果可以看到：高一年级和高二年级之间，年级对学生的成绩产生了显著影响，也就是说，高一年级的学生和高二年级的学生成绩间有显著性差异；高一年级和高三年级之间，年级对学生的成绩产生了显著影响，也就是说，高一年级的学生和高三年级的学生成绩间有显著性差异；高二年级和高三年级之间，年级对学生的成绩没有显著影响，也就是说，高二年级的学生和高三年级的学生成绩间没有显著性差异。

这说明高中生数学推理素养能达到的水平受年级影响，其规律是逻辑推理水平随年级提升，但高二年级与高三年级学生的水平并无明显差异。

（三）参加测试的高中生各年级各维度得分率

高中生各年级各维度得分情况如表 5-7 所示。

表 5-7 各年级各维度平均分及得分率表

年级	平均分（得分率）		
	一、演绎推理（19 分）	二、归纳推理（21 分）	三、类比推理（10 分）
高一年级	8.59（45.21%）	11.04（52.57%）	3.83（38.3%）
高二年级	9.23（48.58%）	12.27（58.43%）	5.29（52.9%）
高三年级	9.55（50.26%）	11.98（57.05%）	6.29（62.9%）
平均	9.12（48.02%）	11.76（56.02%）	5.14（51.4%）

各年级各维度得分率柱形图如图 5-3 所示。

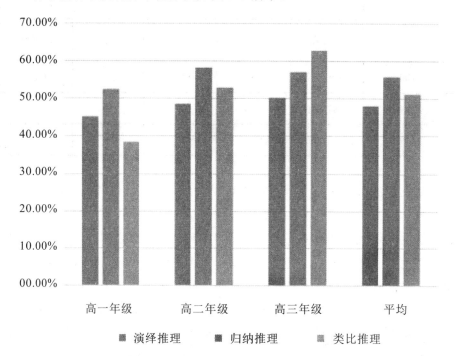

图 5-3 各年级各维度得分率柱形图

高中生各维度测试成绩方差分析如表 5-8 所示。

表 5-8　高中生各维度测试成绩标准差分析表

分析变量：学生分数			
维度	N	均值	标准差
演绎推理	805	9.05	2.81
归纳推理	805	11.76	3.38
类比推理	805	4.92	2.99

演绎推理、归纳推理、类比推理直方图如图 5-4 所示。

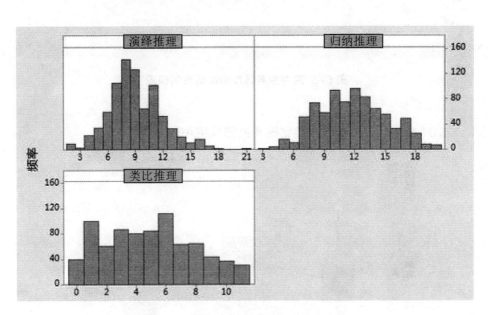

图 5-4　高中生各维度测试成绩直方图

演绎推理、归纳推理、类比推理的区间图如图 5-5 所示。

均值 95% 置信区间

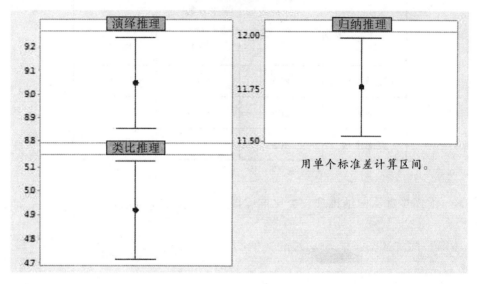

图 5-5 高中生各维度测试成绩区间图

演绎推理、归纳推理、类比推理的箱线图如图 5-6 所示。

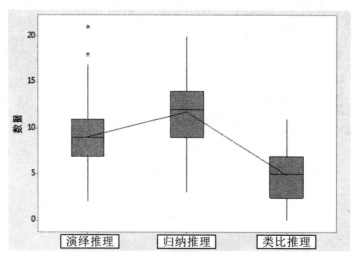

图 5-6 高中生各维度测试成绩箱线图

从上面的图表可以看出，高中生在逻辑推理素养的三个维度上的表现：

"演绎推理"方面：高中生逻辑推理水平整体不理想，各年级的得分率都在 50.5% 以下。高一年级得分率在三个年级中最低，高二年级得分率接近平均得分率，高三年级得分率略高于高二年级。

"归纳推理"方面：高中生在这部分的表现整体强于"演绎推理"方面，各年级的得分率都在 50% 以上。高一年级得分率依然是三个年级中最低，高二年级和高三年级的得分率仍然非常相近，但高二年级得分率略高于高三年级。

"类比推理"方面：高中生三个年级的得分率在这个维度上差异最大，学生的得分率随年级提升。高一年级的得分率远低于平均得分率，高二年级的得分率略高于平均得分率，高三年级的得分率最高，高于高一年级和高二年级。

（四）参加测试的高中生各维度各水平得分率

高中生各年级各维度各水平得分情况表如图 5-9 所示。

表 5-9　高中生各年级各维度各水平得分情况表

名称（年级）		层次（得分率）		
		水平一	水平二	水平三
演绎推理	高一	87.46%	66.9%	7.8%
	高二	89.89%	69.2%	8.58%
	高三	93.15%	72.95%	9.59%
	总平均	90.17%	69.68%	8.66%
归纳推理	高一	92.41%	42.97%	17.41%
	高二	95.69%	55.45%	18.12%
	高三	94.52%	57.53%	12.84%
	总平均	94.21%	51.98%	16.12%

续表

名称（年级）		层次（得分率）		
		水平一	水平二	水平三
类比 推理	高一	57.26%	38.5%	10.56%
	高二	69.66%	57.68%	13.9%
类比 推理	高三	72.95%	65.53%	22.6%
	总平均	66.62%	53.9%	15.69%

各年级各维度各水平得分率柱形图如图 5-7 所示。

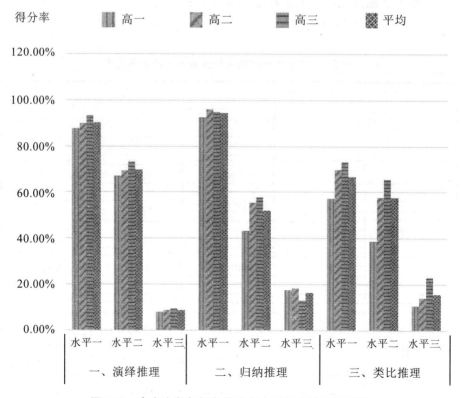

图 5-7　高中生各年级各维度各水平得分情况柱形图

通过上面的数据统计可以发现以下结果。

对学生"演绎推理"维度的考察可以发现，90% 以上的学生都能够达到水平一，即能从熟悉的数学命题的条件与结论中发现它们的逻辑关系，能证明简单的数学命题，相对有条理地表述论证过程，能根据已知信息，针对问题的一个方面，得出简单直接的结论；70% 左右的学生能够达到水平二，即能明白命题中条件与结论间的关系，并结合实例做出判断，能通过常用的数学证明方法验证数学命题，能通过举反例说明某些数学命题不成立；只有不到 10% 左右的高中生能够达到水平三，即能对充分条件、必要条件、充要条件进行准确判断，并给出理由，能根据复杂的信息，探索新的论证途径，并用严谨的数学语言表达论证过程。拿题目 1-3 来说，大部分的学生都能采取举例子的方法说明结论的正确性，只有极少数的学生能够用数学符号给出一般性的、严谨的数学证明。

对学生"归纳推理"维度的考察可以发现，94% 以上的学生都能够达到水平一，高二年级和高三年级无显著差异，即能够在熟悉的情境中，用归纳推理发现个别的数量或图形性质、个别数量关系或个别图形关系；达到水平二的高一学生不足 50%，即通过归纳推理把特殊的命题推广到更一般的情形，高二和高三年级学生在这一水平上与高一年级学生拉开了差距；达到水平三的高中生就更少了，即通过归纳推理找到数学的研究对象构成的集合，把握集合的本质特征，并能用准确的数学语言定义这个集合。例如上文中提到的题目 2-2，绝大多数学生都能够根据风筝的形状画出筝形；超过 60% 的学生能够准确写出筝形的性质，但是只有 40% 左右的学生能够探索筝形的全部性质特征；只有不到 10% 的学生能够准确地给出筝形的定义。而大多数学生给出的定义，都出现了条件间相互矛盾或互相重复的情况。

对学生"类比推理"维度的考察可以发现，66% 以上的学生能够达到水平一，即能通过类比推理发现另一个集合的数量或图形性质、数量关系或图形关系的特例；53% 以上的学生能够达到水平二，即能通过类比推理发现另一个集合的性质和关系；15% 以上的学生能够达到水平三，即根据一个集合的属性和性质，通过类比推理发现另一个集合，并能用准确的数学语言定义这个集合。高中生各年级的得分率均随年级提高，高一年级与高三年级的差异非常明显。值得注意的是，类比推理维度题目的得分率远远低于演绎推理与归纳推理。这实际上说明，高中生非常缺乏运用类比推理时所特别需要的联想能力，因此导致高中生更善于基于一个类（或一个集合）内的归纳，不善于基于两个或两个以上类（两个或两个以上集合）的类比。

二、测试结果的分析与总结

（一）高中生数学逻辑推理素养的发展规律

从总体测试成绩看，高中生逻辑推理水平整体来看并不理想，试卷的总得分率为 51.27%。高中生逻辑推理水平总体特征可概括为以下三点：（1）高中生逻辑推理水平随年级的升高而逐步增强；（2）高一年级与高二年级和高三年级间水平有显著性差异，高二和高三年级无显著性差异；（3）高中所有年级学生的逻辑推理素养都能达到水平一，近三分之二左右的学生能够达到水平二，但极少学生能够达到水平三。

（二）高中生数学逻辑推理素养的发展特征

根据逻辑推理的三个表现形式，即演绎、归纳、类比三个方面的测试结果，分析高中生逻辑推理素养的发展规律。

在"演绎推理"方面，学生的平均得分率为 48.02%，高一年级得分率略低于高二年级和高三年级，三个年级得分率相差不大。90% 以上的学生都能够达到水平一，即能从熟悉的命题的条件与结论中发现它们的逻辑关系，能证明简单的命题，相对有条理地表述论证过程，能根据已知信息，针对问题的一个方面，得出简单直接的结论；70% 左右的学生能够达到水平二，即能明白命题中条件与结论间的关系，并结合实例做出判断，能通过常用的证明方法验证命题，能通过举反例说明某些命题不成立；只有 8% 左右的高中生能够达到水平三，即能对充分条件、必要条件和充要条件进行准确判断，并给出理由，能根据复杂的信息，探索新的论证途径，并用严谨的数学语言表达论证过程。例如题目"试证明如果一个数的各个位数的和能够被 3 整除，那么这个数就能被 3 整除"，大部分的学生都能采取举例子的方法试图验证结论的正确性，只有极少数的学生能够用数学符号给出一般的、严谨的证明。

在"归纳推理"方面，学生的平均得分率为 56%，比"演绎推理"得分率略高一些，高一年级得分率比高二和高三低，高二年级和高三年级比较接近。94% 以上的学生都能够达到水平一，即能从熟悉的情境中，通过归纳推理发现个别的数量或图形性质、个别数量关系或个别图形关系；52% 左右的学生能够达到水平二，即能够运用归纳推理把特殊的命题推广到更一般的情形，其中，处于这个水平的高一学生不足 50%，高二和高三年级在这一水平上与高一年级学生拉开了差距；16% 左右的高中生能够达到水平三，即通过归纳推理找到数学的研究对象构成的集合，把握集合的本质特征，并能用准确的数学语言定义这个集合。例如题目"请想象风筝的形状，画出图形、写出特点并尝试给出定义"，几乎所有学生都能够根据风筝的形状画出筝形；超过 60% 的学生能够准确写出筝形的性质，但是只有 40% 左右的学生能够探索筝形的全部性质特征；只有不到 10% 的学生能够准确地给出筝形的定义，而大多数学生给出的定义，都出现了条件间相互矛盾或互相重复的情况。

在"类比推理"方面，学生的平均得分率是 52% 左右，较"演绎推理"稍高，较"归纳推理"稍低，得分率随年级提升，年级间有显著性差异，高三年级远高于高一年级。67% 左右的学生能够达到水平一，即能通过类比推理发现另一个集合的数量或图形性质、数量关系或图形关系的特例；53% 以上的学生能够达到水平二，即能通过类比推理发现另一个集合的性质和关系；15% 以上的学生能够达到水平三，即根据一个集合的属性和性质，通过类比推理发现另一个集合，并能用准确的数学语言定义这个集合。

值得注意的是，类比推理维度题目的得分率远远低于演绎推理与归纳推理。这实际上说明，高中生非常缺乏运用类比推理时所特别需要的联想能力，因此导致高中生更善于基于一个类（或一个集合）内的归纳，不善于基于两个或两个以上类（两个或两个以上集合）的类比。

第二节 高中数学教材中逻辑推理素养的体现

　　课程标准以及在课标指导下编写的数学教材直接影响到数学教学与评价活动。教材的编写也需要落实《标准（2017 年版）》提出的教育目标。对高中生数学逻辑推理素养的培养，应当渗透和贯穿数学课程的各个主线与主题，不论是概念教学、命题教学还是证明教学，都应要求学生的言语与思维做到"重论据、有条理、合逻辑"。教材是课标的载体，教师和学生凭借教材进行教学和学习，所以教材中数学内容的呈现方式、情境创设的贴切与否、情境中的问题是否能揭示数学的本质等因素，都会影响课程实施的效果。本书根据 2018 年颁布的《标准（2017 年版）》划定的必修课程和选择性必修课程内容，选择经全国中小学教材审定委员会 2004 年通过的人教 A 版数学教材（下称人教 A 版），分析逻辑推理在教材中的体现和应用，为未来的数学教材改革提供参考。

　　《标准（2017 年版）》认为，碎片化的数学内容不能表述清楚数学的本质。按照《标准（2017 年版）》提出的"优化课程结构、突出主线、精选内容"的基本理念，本书将梳理的内容确定为贯穿必修与选择性必修的三条主线，即"函数""几何与代数"和"概率与统计"。按照《标准（2017 年版）》对必修与选择性必修部分数学课程内容的安排，"函数"主线包括：函数概念与性质、幂函数、指数函数、对数函数、三角函数、函数应用、数列，以及一元函数导数及应用；"几何与代数"主线包括平面向量及应用、复数、立体几何初步、空间向量与立体几何，以及平面解析几何；"概率与统计"主线包括计数原理、二项式定理、统计，以及概率。

　　每一条主线都是知识点的组合。数学教材中的知识点可以区分为研究对象的定义及研究对象之间的关系，即命题，所以知识点是概念或者是命题（史宁中 等，2015）。根据本书对逻辑推理素养的维度划分，这一部分同样将教材数学逻辑推理素养的体现按照演绎推理、归纳推理、类比推理三个方面进行梳理，梳理的内容是必修与选择性必修中"函数""几何与代数""概率与统计"三条主线涉及的定义、定理、习题。

本书希望通过梳理教材，回答的问题是：①有助于发展学生逻辑推理素养的内容呈现具有怎样的特征？②从逻辑推理的角度，高中数学教材的内容以怎样的方式组织和呈现？约定将教材做特殊标记标注的概念和命题进行梳理，梳理的习题包含教材中的练习、习题和复习题。因为计算也是推理的一种形式，约定所梳理的内容不包含计算。

对于上面两个问题，本节通过以下 5 个方面的梳理来说明：①用演绎方式提出来的定义、命题、需要证明的习题；②用归纳方式提出来的定义、命题及需要运用归纳思维的习题；③用类比方式提出来的定义、命题、需要运用类比思维的习题；④在情境中提出定义的数量，涉及何种情境以及何种层次的问题；⑤在情境中设置的习题，涉及和种情境。其中，情境可以区分为现实情境、数学情境和科学情境。问题指的是情境中的问题，从学生认识的角度可以区分为：简单的问题、较为复杂的问题、复杂的问题。

一、函数主线

《标准（2017 年版）》要求通过教学和学习，学生能整体把握函数的概念、函数的性质、函数类型，运用函数研究数学问题，解决实际问题。函数主线串联起来的内容有函数概念与性质、幂函数、指数函数、对数函数、三角函数、函数应用、数列，以及一元函数导数及应用。

人教 A 版教材关于上述内容的目录如表 5-10 所示。

表 5-10　人教 A 版中关于函数主线的内容目录

必修 1 第一章 集合与函数	必修 1 第二章 基本初等函数（Ⅰ）	必修 4 第一章 三角函数
1.1 集合 1.2 函数及其表示　1.2.1 函数的概念　1.2.2 函数的表示法 1.3 函数的基本性质　1.3.1 单调性与最（小）值　1.3.2 奇偶性	2.1 指数函数　2.1.1 指数与指数幂的运算　2.1.2 指数函数及其性质 2.2 对数函数　2.2.1 对数与对数运算　2.2.2 对数函数及其性质 2.3 幂函数	1.1 任意角和弧度制 1.2 任意角的三角函数 1.3 三角函数的诱导公式 1.4 三角函数的图象与性质 1.5 函数的图象 1.6 三角函数模型的简单应用
2.1 数列的概念与简单表示法 2.2 等差数列 2.3 等差数列的前 n 项和 2.4 等比数列 2.5 等比数列的前 n 项和	3.1 变化率与导数 3.2 导数的计算 3.3 导数在研究函数中的应用 3.4 生活中的优化问题举例 实习作业：走进微积分	1.1 变化率与导数 1.2 导数的计算 1.3 导数在研究函数中的应用 1.4 生活中的优化问题举例 1.5 定积分的概念 1.6 微积分基本定理 1.7 定积分的简单应用 实习作业：走进微积分

　　需要说明的是，《标准（2017 年版）》认为高中教育是面向大众的教育，相应的课时减少了，所以定积分与微积分基本定理去掉理科的要求，维持文科的要求，并去掉了映射，所以梳理的内容不包括定积分与微积分基本定理和映射。《普通高中数学课程标准（2017 年版）解读》中用框图的形式，将必修课程与选择性必修课程所学习的与函数有关的主要内容系统地展示了出来，如图 5-8 所示。

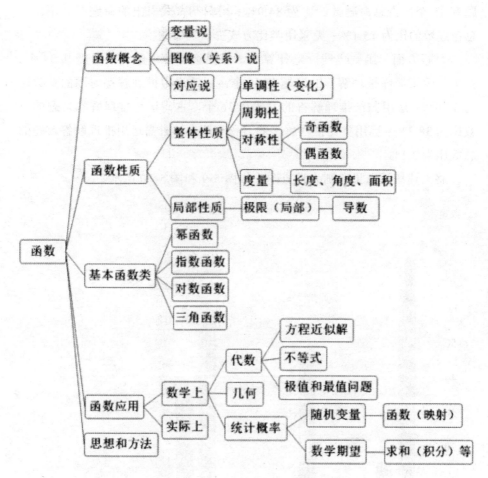

图 5-8　高中数学课程中的函数主线

（一）函数主线中定义、命题的提出以及习题所应用的推理形式

经梳理，函数主线在定义、命题、习题的提出或应用的推理形式及数量统计结果如下。

定义方面：函数主线包含的定义共 92 个。其中，用演绎方式给出的定义有 74 个，占总定义数的比为 80.4%；用归纳方式引出的定义有 16 个，占总定义数的比为 17.4%；用类比方式引出的定义有两个，占总定义数的比为 2.2%。

命题方面：函数主线包含的命题共 53 个。其中，用演绎方式提出的命题有 45 个，占总命题数的比为 84.9%；用归纳方式引出的命题有 8 个，占总命题数的比为 15.1%；无采用类比方式提出的命题。

习题方面：函数主线，除计算外，需要运用推理解答的习题共 94 个。其中，运用演绎推理解答的习题有 56 个，占需运用推理解答习题的总数比为 59.6%；运用归纳推理解答的习题有 36 个，占需运用推理解答习题的总数比为 38.3%；运用类比推理解答的习题有两个，占需运用推理解答习题的总数比为 2.1%。

将上述统计结果绘制为直方图，如图 5-9 和图 5-10 所示。

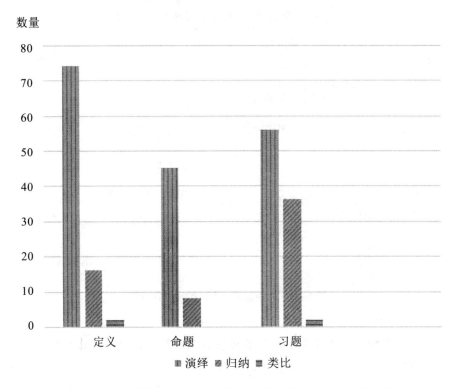

图 5-9 逻辑推理在定义、命题、习题中的体现——函数主线

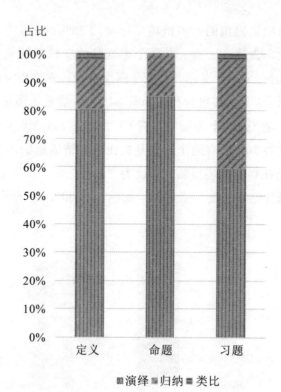

图 5-10　逻辑推理在定义、命题、习题中体现的百分比——函数主线

　　从数量上看，不论是定义与命题的提出方式，还是在习题中的应用，都是演绎这种推理形式占绝大多数，归纳次之，类比极少。从百分比上看，采取演绎方式提出的，最多的是命题，定义次之。相比定义和命题提出方式的百分比而言，习题部分更重视归纳推理和类比推理的应用，仅从习题数量上看，考查学生应用演绎推理的习题数，仍然超过了应用归纳推理与应用类比推理习题数的总和。

（二）函数主线中定义和习题所涉及的情境和问题

1.情境

　　经梳理，放在情境里提出的定义数量与种类、放在情境里的习题数量与种类，统计结果如下。

　　定义方面：函数主线包含的定义共 92 个，放在情境里提出的定义共 16 个，占比 17.39%。在所有放在情境里提出的 16 个定义中，有 12 个定义是放在现实情境里提出的，占情境里定义的 75%；有 6 个定义是放在数学情境里提出的，占比 37.5%；有两个定义是放在科学情境里提出的，占比 12.5%。这里面有 3 个定义同时涉及了两个情境，占情境里定义的 18.75%。

习题方面：函数主线包含的习题共 845 个，放在情境里的习题共 90 个，占比 10.65%。在这 90 个习题中，有 63 个习题是放在现实情境里的，占情境里习题的比为 70%；有两个习题是放在数学情境里的，占比为 2.2%；有 25 个习题是放在科学情境里的，占比为 27.8%。

将上述统计结果绘制为直方图，如图 5-11 和 5-12 所示。

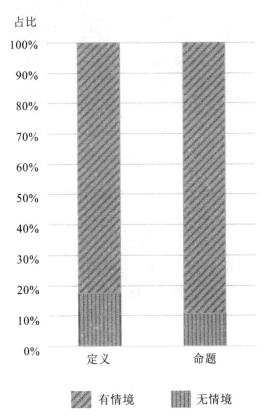

图 5-11　情境在定义、习题中体现的百分比——函数主线

数量

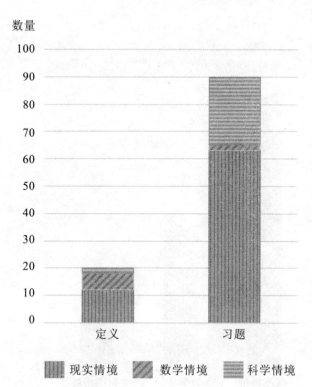

图 5-12 各类情境在定义、习题中的体现——函数主线

从百分比上看，放在情境中的定义与放在情境中的习题各占所有定义与习题的 17.39% 和 10.65%，这两个百分比都很低，这说明绝大多数定义与习题的提出是无情境的。定义与习题涉及的情境，现实情境所占的比例为 70% 以上，科学情境和数学情境占比的总和不到 30%。

2. 问题

放在情境里提出的 16 个定义中，12 个是放在现实情境提出的定义，简单问题占 25%，较为复杂的问题占 66.7%，复杂的问题占 8.3%；6 个放在数学情境提出的定义，简单问题占 83.3%，较为复杂的问题占 16.7%；两个放在科学情境提出的定义，简单问题和较为复杂的问题各占 50%。

将统计结果绘制为直方图，如图 5-13 所示。

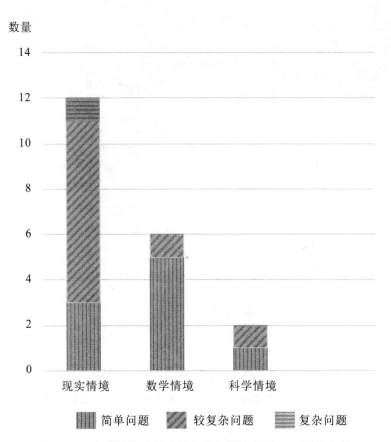

图 5-13　各类情境中提出的各类问题情况图——函数主线

从图上看，函数主线放在情境里提出的定义涉及的问题，主要是简单问题和较复杂的问题。现实情境里，较复杂的问题多；数学情境里，简单问题多；科学情境里，简单问题和较复杂问题各自参半。

二、几何与代数主线

《标准（2017 年版）》要求通过教学和学习，使学生能整体认识一批基本图形及其性质，学会运用几类研究图形的基本方法，感悟图形的作用。几何与代数主线串联起来的内容有平面向量及应用、复数、立体几何初步、空间向量与立体几何以及平面解析几何。

人教 A 版教材关于上述内容的目录如表 5-11 所示。

表 5-11　人教 A 版中关于几何与代数主线的内容目录

必修 4 第二章 平面向量	选修 1-2（2-2）第三章 数系的扩充与复数的引入	必修 2 第一章和第二章 立体几何初步
2.1 平面向量的实际背景及 　　基本概念 2.2 平面向量的线性运算 2.3 平面向量的基本定理及 　　坐标表示 2.4 平面向量的数量积 2.5 平面向量应用举例	3.1 数系的扩充和复数的概念 　3.1.1 数系的扩充和复数 　　　　的概念 　3.1.2 复数的几何意义 3.2 复数代数形式的四则运算 　3.2.1 复数代数形式的加 　　　　减运算及其几何意义 　3.2.2 复数代数形式的乘 　　　　除运算	第一章　空间几何体 1.1 空间几何体的结构 1.2 空间几何体的三视图 　　和直观图 1.3 空间几何体的表面积 　　与体积 第二章　点、直线、平面 　　　　之间的位置关系 2.1 空间点、直线、平面 　　之间的位置关系 2.2 直线、平面平行的判 　　定及其性质 2.3 直线、平面垂直的判 　　定及其性质
3.1 空间向量及其运算 　3.1.1 空间向量及其加 　　　　减运算 　3.1.2 空间向量的数乘 　　　　运算 　3.1.3 空间向量的数量 　　　　积运算 　3.1.4 空间向量的正交 　　　　分解及其坐标表示 　3.1.5 空间向量运算的 　　　　坐标表示 3.2 立体几何中的向量方法	第三章　直线与方程 3.1 直线的倾斜角与斜率 3.2 直线的方程 3.3 直线的交点坐标与距离公式 第四章　圆与方程 4.1 圆的方程 4.2 直线、圆的位置关系 4.3 空间直角坐标系	选修 1-1/2-1 第二章　圆锥曲线方程 2.1 曲线与方程 2.2 椭圆 2.3 双曲线 2.4 抛物线

　　需要说明的是，《标准（2017 年版）》认为学生初中阶段已经对三视图进行了学习，为了避免重复，高中就不再呈现了，所以梳理的内容不包括

三视图。《普通高中数学课程标准（2017 年版）解读》中用框图的形式，将必修课程与选择性必修课程所学习的与几何与代数主线有关的主要内容系统地展示了出来，如图 5-14 所示。

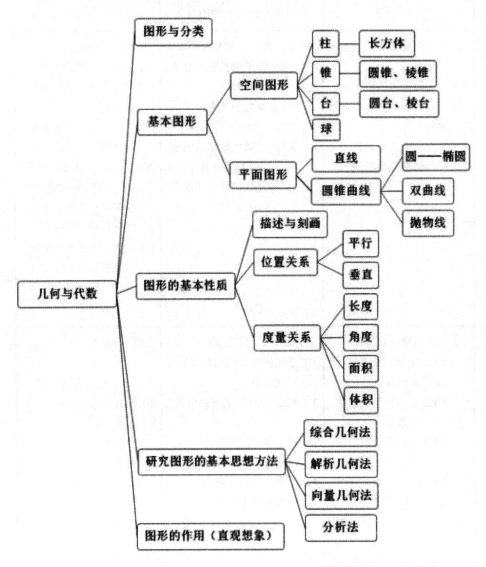

图 5-14　高中数学课程中的几何与代数主线

（一）几何与代数主线中定义、命题的提出以及习题所应用的推理形式

经梳理，几何与代数主线在定义、命题及习题的提出或应用的推理形

式之数量上的统计结果如下。

定义方面：几何与代数主线包含的定义共 138 个。其中，用演绎方式给出的定义有 93 个，占总定义数的比为 67.4%；用归纳方式引出的定义有 21 个，占总定义数的比为 15.2%；用类比方式引出的定义有 24 个，占总定义数的比为 17.4%。

命题方面：几何与代数主线包含的命题共 80 个。其中，用演绎方式给出的命题有 57 个，占总命题数的比为 71.25%；用归纳方式给出的命题有 13 个，占总命题数的比为 16.25%；用类比方式给出的命题有 10 个，占总命题数的比为 12.5%。

习题方面：几何与代数主线，除计算外，需要运用推理解答的习题共 190 个。其中，需要运用演绎推理解答的习题有 175 个，占需运用推理解答习题总数的比为 92.1%；需要运用归纳推理解答的习题有 14 个，占需运用推理解答习题总数的比为 7.4%；用类比推理解答的习题有 1 个，占需运用推理解答习题总数的比为 0.5%。

将上述统计结果绘制为直方图，图 5-15 和图 5-16 所示。

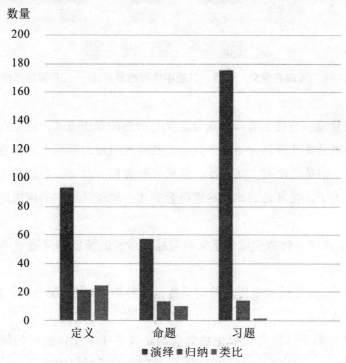

图 5-15　推理在定义、命题、习题中的体现——几何与代数主线

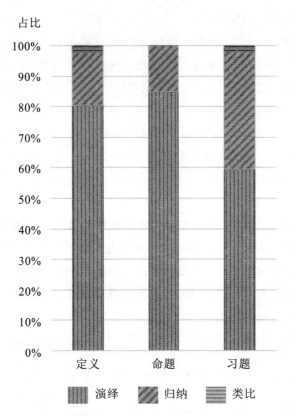

图 5-16　推理在定义、命题、习题中体现的百分比——几何与代数主线

从数量及百分比上看，不论是定义与命题的提出方式，还是在习题中的应用，仍然是演绎推理占绝大多数，尤其是在习题的应用上，证明题的比例提高很多，但是与函数主线相比，在定义的提出方式上，归纳和类比所占的比例都变大了，尤其是类比，这也符合类比推理在几何中的应用比较广泛的规律。

（二）几何与代数主线中定义和习题所涉及的情境和问题

1. 情境

经梳理，放在情境里提出的定义数量与种类、放在情境里的习题与种类，统计结果如下。

定义方面：几何与代数主线包含的定义共 138 个，放在情境里提出的定义共 30 个，占比 21.7%。在这所有放在情境里提出的定义中，有 3 个定义是放在现实情境里提出的，占情境里定义的 10%；23 个定义放在数学情境里，占比为 76.7%；6 个定义放在科学情境里，占比为 20%。有两个定义同时涉及了两个情境，占情境里定义的 6.7%。

习题方面：几何与代数主线包含的习题共 865 个，放在情境中的习题共 34 个，占比 3.9%。在所有放在情境里的 34 个习题中，有 24 个习题是放在现实情境里的，占情境里习题的 70.6%；1 个习题放在数学情境里，占比为 2.9%；9 个习题放在科学情境里，占比为 26.5%。

将上述统计结果绘制为直方图，如图 5-17 和图 5-18 所示。

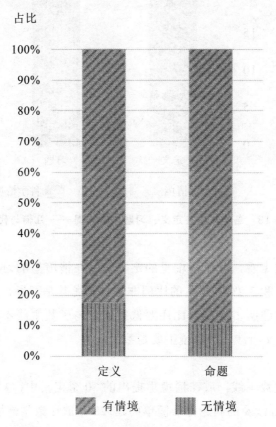

图 5-17　情境在定义、习题中体现的百分比——几何与代数主线

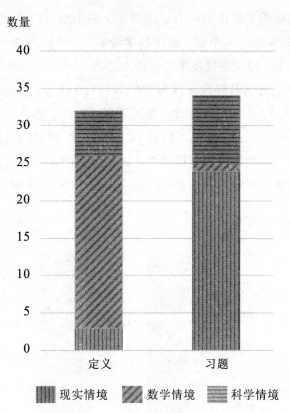

图 5-18　各类情境在定义、习题中的体现——几何与代数主线

从百分比上看，放在情境里的定义与放在情境里的习题占所有定义与习题的 21.7% 和 3.9%，所占的比例非常少。尤其是习题，比函数主线中放在情境里的习题所占的百分比还要低得多。与函数主线不同的是，几何与代数主线的定义所涉及的情境主要是数学情境。

2. 问题

几何与代数主线，放在情境里提出的 30 个定义中，3 个放在现实情境提出的定义中，涉及的问题都是简单问题；23 个放在数学情境提出的定义中，简单问题占 86.96%，复杂问题占 13.04%；6 个放在科学情境提出的定义中，简单问题占 66.7%，较为复杂的问题占 33.3%。

将统计结果绘制为直方图，如图 5-19 所示。

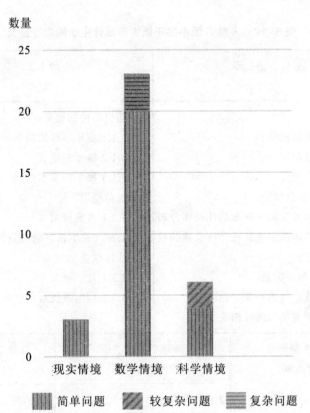

图 5-19　各类情境中提出的各类问题情况图——几何与代数主线

　　从图上看，几何与代数主线放在情境中提出的定义，涉及的问题主要是简单问题。现实情境中的全部都是简单问题，数学情境和科学情境的中也都是简单问题居多，较复杂的问题和复杂问题只占极少的比例。

三、概率与统计主线

　　《标准（2017 年版）》提出要注重让学生经历统计的全过程。概率与统计主线串联起来的内容有计数原理、二项式定理、概率部分的有限样本空间及统计部分的"数据分析"全过程等内容。其中，计数原理和二项式定理包括在准备知识内。

　　人教 A 版教材关于上述内容的目录如表 5-12 所示。

表 5-12 人教 A 版中关于概率与统计主线的内容目录

必修 3 第二章 统计	必修 3 第三章 概率
2.1 随机抽样 　2.1.1 简单随机抽样 　2.1.2 系统抽样 　2.1.3 分层抽样 2.2 用样本估计总体 　2.2.1 用样本的频率分布估计总体分布 　2.2.2 用样本的数字特征估计总体的数字特征 2.3 变量间的相关关系 　2.3.1 变量之间的相关关系 　2.3.2 两个变量的线性相关	3.1 随机事件的概率 　3.1.1 随机事件的概率 　3.1.2 概率的意义 　3.1.3 概率的基本性质 3.2 古典概型 　3.2.1 古典概型 　3.2.2（整数值）随机数的产生 3.3 几何概型 　3.3.1 几何概型 　3.3.2 均匀随机数的产生

选修 2-3 第一章 计数原理	选修 2-3 第二章 随机变量及其分布	选修 2-3 第三章 统计案例
1.1 分类加法计数原理与分步乘法计数原理 1.2 排列与组合 1.3 二项式定理	2.1 离散型随机变量及其分布列 2.2 二项式分布及其应用 2.3 离散型随机变量的均值与方差 2.4 正态分布	3.1 回归分析的基本思想及其初步应用 3.2 独立性检验的基本思想及其初步应用

　　需要说明的是，《标准（2017 年版）》在概率与统计主线上也做了内容上的修改，去掉了系统抽样和几何概型以及统计案例，并且考虑到"计数原理"是学习概率统计的准备知识，够用即可，所以去掉了分类加法计数原理和分步乘法计数原理的简单应用、排列与组合的简单应用。因此梳理的内容不包括系统抽样、几何概型和统计案例。《普通高中数学课程标准（2017 年版）解读》中用框图的形式将必修课程与选择性必修课程所学习的和概率与统计主线有关的主要内容系统地展示了出来，框图如图 5-20 所示。

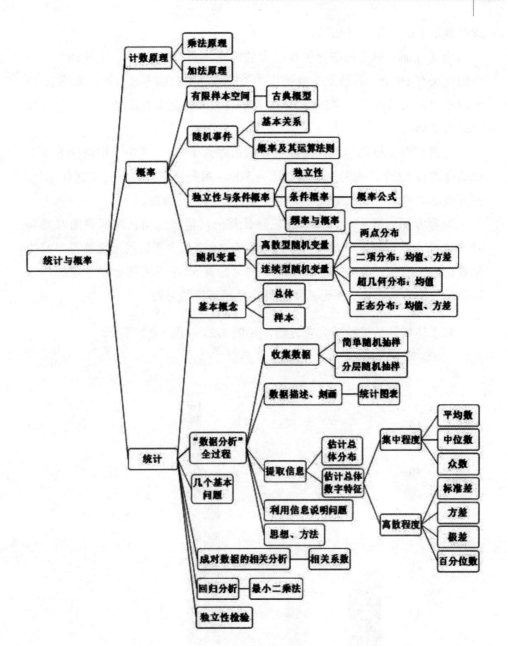

图 5-20　高中数学课程中的概率与统计主线

（一）概率与统计主线中定义、命题的提出以及习题所应用的推理形式

经梳理，概率与统计主线在定义、命题、习题的提出或应用的推理形

式及数量上的统计结果如下。

定义方面：概率与统计主线包含的定义共 40 个。其中，用演绎方式引出的定义有 19 个，占总定义数的比为 47.5%；用归纳方式引出的定义有 18 个，占总定义数的比为 45%；用类比方式引出的定义有 3 个，占总定义数的比为 7.5%。

命题方面：概率与统计主线包含的命题共 15 个。其中，用演绎方式引出的命题有 12 个，占总命题数的比为 80%；用归纳方式引出的命题有 3 个，占总命题数的比为 20%；并无采用类比方式引出的命题。

习题方面：概率与统计主线，除计算外，需要运用推理解答的习题共 93 个。其中，运用演绎推理解答的习题有 36 个，占需运用推理解答习题的总数比为 38.7%；运用归纳推理解答的习题有 57 个，占需运用推理解答习题的总数比为 61.3%；并无需要用类比推理解答的习题。

将上述统计结果绘制为直方图，如图 5-21 和图 5-22 所示。

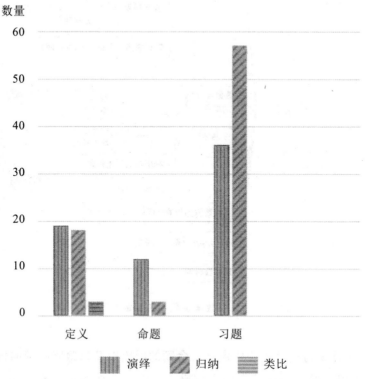

图 5-21 推理在定义、命题、习题中的体现——概率与统计主线

占比

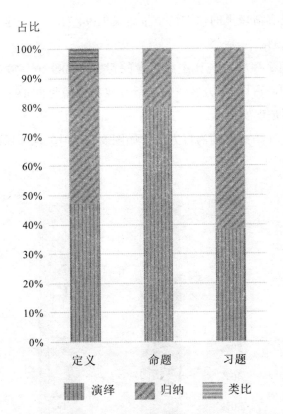

图 5-22 推理在定义、命题、习题中体现的百分比——概率与统计主线

从统计结果上看，在定义的提出方式上，较函数主线、几何与代数主线而言，运用归纳推理的数量和百分比都提高了许多。命题依然是采用演绎方式提出的更多。概率与统计主线中的习题部分与另两条主线的差异最明显，考查学生运用归纳推理的百分比在 60% 以上，因为统计学是运用归纳思维最广泛的学科，这实际上也符合概率与统计主线内容的思维特征。

（二）概率与统计主线中定义和习题所涉及的情境和问题

1. 情境

经梳理，放在情境里提出定义的数量与种类、放在情境里的习题的数量与种类，统计结果如下。

定义方面：概率与统计主线包含的定义共 40 个，放在情境里提出的定义共 19 个，占比 47.5%。在这所有在情境里提出的 19 个定义中，有 18 个定义是放在现实情境里的，占情境里定义的 94.7%；1 个定义涉及了数学情境，占比为 5.3%。

习题方面：概率与统计主线包含的习题共 289 个，放在情境里提出的习题共 193 个，占比 66.78%。在这所有放在情境里的 193 个习题中，涉及的情境全部都是现实情境。

将上述统计结果绘制为直方图，如图 5-23 和图 5-24 所示。

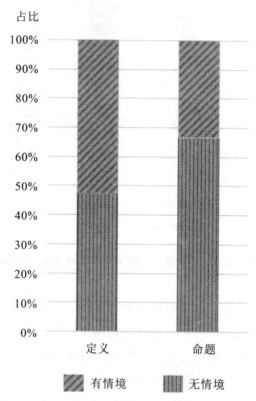

图 5-23　情境在定义、习题中体现的百分比——概率与统计主线

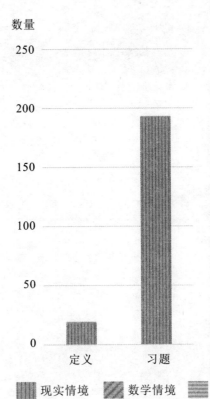

图 5-24　各类情境在定义、习题中的体现——概率与统计主线

　　从百分比上看，放在情境里的定义与放在情境里的习题分别占所有定义与习题中的 47.5% 和 66.78%，所占的比例和另两条主线相比提高了非常多。放在情境里的定义与习题中，现实情境占比 94% 以上，习题所涉及的情境更是全部为现实情境。

　　2. 问题

　　放在情境里提出的 19 个定义和 18 个现实情境里，简单问题占 44.4%，较为复杂的问题占 27.8%，复杂的问题占 27.8%；只有 1 个数学情境里提出的定义、涉及的问题是简单问题。

　　将统计结果绘制成直方图，如图 5-25 所示。

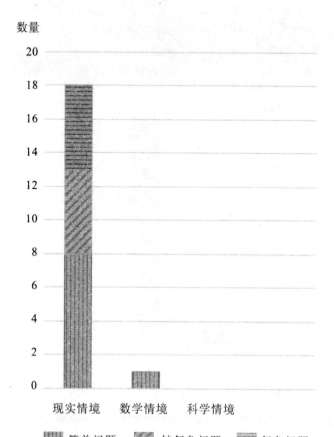

数量

图 5-25 各类情境中提出的各类问题情况图——概率与统计主线

　　从图上看，概率与统计主线中放在情境里提出的定义，简单问题、较复杂的问题、复杂问题都涉及了，现实情境和数学情境都是简单问题多。

四、三条主线梳理情况的比较分析

（一）三条主线中定义、命题的提出以及习题所应用推理形式的比较

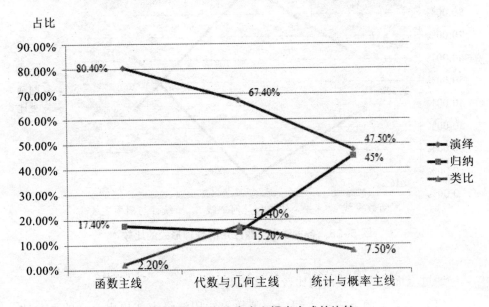

图 5-26　各主线中定义提出方式的比较

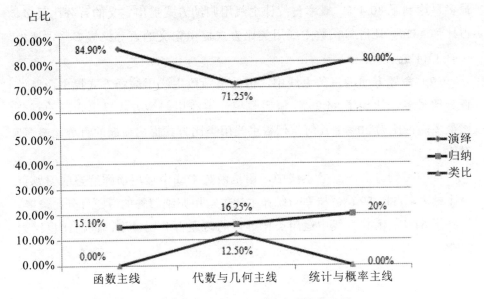

图 5-27　各主线中命题提出方式的比较

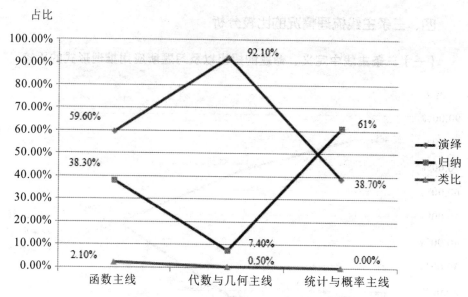

图 5-28　各主线中习题应用的推理形式的比较

通过上面三个折线图的比较可以发现：

（1）定义方面：三条主线中，函数主线用演绎方式提出定义的百分比最多，达到了 80.4%；概率与统计主线用归纳方式提出定义的百分比最多，占比为 45%；几何与代数主线用类比方式提出定义的百分比最多，占比也仅有 17.4%。

（2）命题方面：三条主线中，仍然是函数主线用演绎方式提出命题的百分比最多，达到了 84.9%；概率与统计主线用归纳方式提出命题的百分比最多，占比为 20%；几何与代数主线用类比方式提出命题的百分比最多，占比 12.5%。

（3）习题方面：三条主线中，还是函数主线中运用演绎解答的习题百分比最多，占比 59.6%；概率与统计主线中运用归纳解答的习题百分比最多，达到了 61%；函数主线中运用类比解答的习题百分比最多，但占比也仅为 2.1%。

（二）三条主线中定义和习题所涉及情境的比较

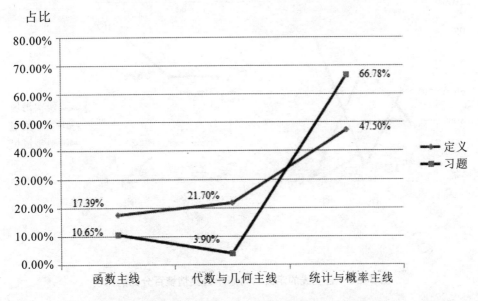

图 5-29　各主线中定义和习题含情境百分比的比较

通过比较可以发现：放在情境里提出的定义百分比，函数主线最小，只有 17.39%，概率与统计主线最大，占比为 47.5%；放在情境里提出的习题百分比，几何与代数主线最小，只占所有习题的 3.9%，概率与统计主线最大，占所有习题的 66.78%。

占比

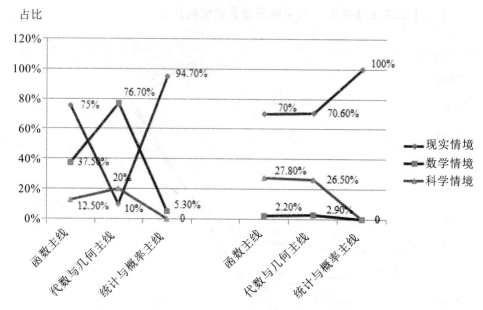

图 5-30　各主线的定义和习题中各类情境百分比的比较

通过上面的折线图，可以清晰地发现各类情境在定义和习题中所占的百分比。

定义中：现实情境中，概率与统计主线占百分比最大，几何与代数主线占百分比最小；数学情境中，几何与代数主线占百分比最大，概率与统计主线占百分比最小；科学情境中，几何与代数主线占百分比最大，概率与统计主线占百分比最小。

习题中：现实情境中，概率与统计主线占百分比最大，函数主线占百分比最小；数学情境中，几何与代数主线占百分比最大，概率与统计主线占百分比最小；科学情境中，函数主线占百分比最大，概率与统计主线占百分比最小。

（三）三条主线中定义所涉及情境中的问题比较

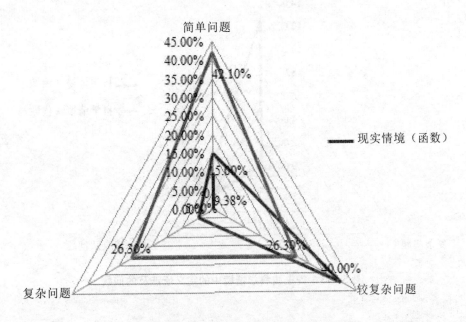

图 5-31　各主线现实情境中的定义所涉及的问题

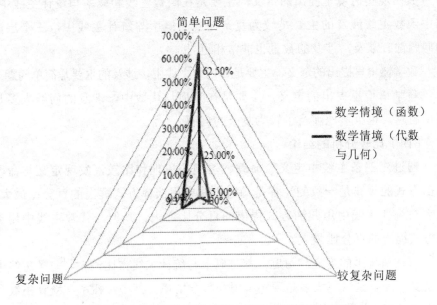

图 5-32　各主线数学情境中的定义所涉及的问题

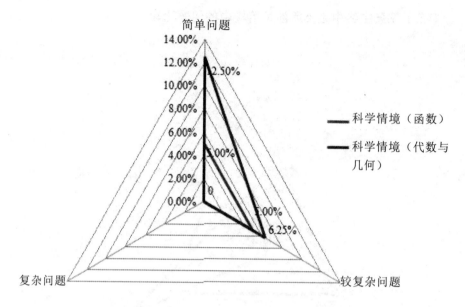

图 5-33 各主线科学情境中的定义所涉及的问题

从图 5-31 ~ 图 5-33 可以非常清晰地看到：

放在现实情境里提出的定义，主要是在函数主线和概率与统计主线中。其中函数主线涉及的主要是较为复杂问题；概率与统计主线中，三个层次的问题都有涉及，涉及的数量也非常相近。

数学情境里提出的定义，主要是在函数主线中，涉及的主要是简单问题。

科学情境里提出的定义，主要是在几何与代数中，涉及的问题大多是简单问题，也少量地涉及了较为复杂的问题。

（四）比较分析的结论

通过对三条主线中定义、命题、习题的梳理和比较，发现定义与命题提出方式的规律是一致的，都是函数主线中用演绎方式提出的百分比最大，概率与统计主线中用归纳方式提出的百分比最大，几何与代数主线中用类比方式提出的百分比最大。

放在情境里的定义和习题，都是概率与统计主线占比最大。三条主线中的定义，涉及到情境大多是现实情境和数学情境。其中，概率与统计主线和函数主线更多地涉及现实情境，几何与代数主线更多地涉及数学情境。

通过从逻辑推理的角度梳理教材，发现数学知识的呈现方式，有上面发现的特点和规律，是有其合理性的。因为教材是以数学知识为载体，达到辅助教师和学生、在教学和学习的过程中形成逻辑推理素养的目标，所以编写除了要遵循学生的认知规律外，在呈现方式上还需要创设合适的问题情境，提出合适的问题，恰当地展示出数学定义与命题的生成过程。

函数是描述现实世界变化规律的数学模型，是解决实际问题的重要工具。所以教材中这部分的概念和命题的提出，涉及的情境种类大多都是现实情境。由于高中的函数概念是在初中函数"变量说"概念的基础上，用集合语言和对应关系刻画的，所以更加抽象也更加一般，那么教材在这部分的编写，要注意概念发展的合理性和必要性。经梳理，发现函数主线中放在情境里提出的定义占比不超过20%，大多数都是用演绎方式提出的。

几何与代数是通过形与数的结合，突出几何直观与代数运算之间的融合。"图形"和"数"是数学基本学习和研究的对象，初中阶段重点研究的图形是平面图形，还需要初步了解空间图形。高中阶段接触的向量既能当成运算对象，也能当成几何的研究对象，此时几何与代数就能够密切地联系起来。通过梳理发现，几何与代数主线、定义和命题的提出方式具有相同的规律，都是归纳与类比所占百分比相近，加和不超过30%；放在情境里提出的定义和习题，数学情境和科学情境所占百分比的和也不超过30%，其中科学情境较多。

概率的研究对象是随机现象，统计的研究对象是数据。概率内容可以帮助学生结合具体实例，加深对随机现象的认识和理解；统计内容可以帮助学生进一步学习数据收集和整理的方法，感悟实际生活中进行科学决策的必要性和可能性，体会统计思维与确定性思维的差异，体会归纳推断与演绎证明的差异。经梳理发现，概率与统计主线中定义、命题、习题的提出，是三条主线中采用归纳方式最多的，并且由于这部分内容的思维方式是通过样本推知整体，所以运用的推理形式是基于一个集合的归纳，而不是基于两个或两个以上集合的类比。概率与统计主线中放在情境里的定义和习题的百分比，是三条主线中最多的，定义涉及的情境几乎都是现实情境，习题更是全部为现实情境，这更表现出概率与统计主线串联起来的数学内容之特点。

五、教材梳理的结论

为了使初高中的数学内容能够很好地衔接上，《标准（2017年版）》设计了"预备知识"主题，舍弃了模块结构，取而代之的是用主线把数学内容串联起来，函数主线、几何与代数、概率与统计三条主线贯穿了必修课程和选择性必修课程内容。推理是三个数学基本思想之一，但在具体内容中，推理与抽象和模型是不可能相互独立、截然分开的。在推理的过程中，往往需要从已有的数学知识出发，抽象出那些并不是直接来源于现实世界的概念和运算法则，所以在数学教学和学习的过程中，抽象、推理、模型之间既相互独立，也水乳交融。

本书通过对数学课程内容中的必修与选择性必修中"函数""几何与代数""概率与统计"三条主线中涉及的定义、定理、习题的梳理，对三条主线中定义、命题的提出、习题所应用的推理形式三条主线中定义和习题所涉及的情境，还有三条主线中定义所涉及的情境中的问题进行比较，认为逻辑推理在必修及选择性必修部分的体现需进一步改进。具体建议如下。

（一）内容呈现方式应更丰富多样

内容呈现方式的多样化可以增强教材的说服力和亲和力。笔者通过对三条主线中包含的定义和习题进行梳理，发现270个定义中，只有65个是放在情境里提出的，65个定义中有5个定义同时涉及了两个情境，占所有定义的百分比为24.1%，其中现实情境占比12.2%、数学情境占比10.7%、科学情境占比2.6%；1999个习题中，只有317个习题是放在情境里的，占比为15.9%，其中现实情境占比14%、数学情境占比0.2%、科学情境占比1.7%。可见定义和习题的提出方式，通过情境引入问题的比例非常少，科学情境所占的百分比极低，并且有些情境的创设稍显牵强，比如函数概念的提出。这样的呈现不能有力地提升学生学习热情，也不能满足适应学生个性化需求的教育目标。

实际上，多样化的设计应当体现在教材编写的各个方面，情境的创设可以多采取与学生日常生活贴近的方式，让学生感觉到数学知识是与生活紧密相关的。笔者翻阅美国的高中数学教材，发现美国的数学教材中的情境非常丰富。例如在排列与组合的一节中，教材的最开始就提出了这样一

个问题：午餐时，选择一个三明治、一种配菜和一个甜点有多少种不同的
方式？

餐厅菜单

三明治	配菜	甜点
牛肉汉堡	土豆	苹果酥
芝士汉堡	豆子	香蕉
无肉汉堡	玉米	果馅饼
花生酱或果酱三明治		大米布丁

翻阅美国教材，其中的定义、性质或定理的引入情境涉及了纸牌颜色、
足球输赢、数学测试通过率、天气晴雨、公交载客程度、公司竞争及书籍
选择等，素材与学生现在或未来的学习、工作和生活紧密相连又生动活泼，
且都与学生未来步入社会就业或升学有关，并同时锻炼学生解决日常生活
中的常见问题的能力。另外，其中数学内容的呈现方式在调动学生的学习
兴趣的情况下还贯彻解决实际生活中问题的思想，同时也能让学生体会到
数学的文化氛围，这样的编写能够让学生感悟数学的丰富多彩，发现数学
的思维价值和实践价值，既有利于知识的讲授，也便于学生对数学知识的
理解。

正所谓"他山之石，可以攻玉"，这种多样化的情境创设方式以及内容
选择，可以为我国教材编写提供借鉴和参考。另外，当今世界的发展日新
月异，数学内容的呈现以及情境的选择，也需要具有时代性。

（二）教材编写应更具备探索性

通过梳理，发现三条主线包含的定义中，只有 20.4% 的定义是用归纳
方式提出的，10.7% 的定义是用类比方式提出的，其余 68.9% 的定义都是
用演绎方式提出的。用归纳推理和类比推理引入的定义本就在少数，教材
的处理方式一般是采用思考或探究栏目，用很简单的一句话或几句话来引
入，中间的过渡有时也显得僵硬和不自然。这样的方式虽然有使学生通过

归纳和类比来发现问题和提出问题的用意，但往往不能产生很好的效果。

培养学生的探索能力和创新能力是数学教育一直坚持的教育目的，教材的编排也应当配合教师实现这个教育目的。教材呈现的是《标准（2017年版）》要求学生掌握的数学知识，承担的是使学生通过学习教材中的数学知识，使数学思维得到训练，数学基本活动经验得以积累的任务。然而，思维的训练要依靠归纳、类比、演绎的紧密结合，基本活动经验的积累要从学生已有的经验开始，让学生经历思考的过程。所以通过教材的编写培养学生的创新能力，要在设计上注重归纳能力和类比推理的运用。注重归纳能力和类比推理的运用、定义和命题的提出必须非常自然才行。在这里，情境的创设是很重要的，要能够使得学生自然地进入情境中去发现问题和提出问题。

笔者翻阅美国教材时发现很好的素材，将之翻译如下。

例1：思考一个计划。一项调查发现80%的受访者吃玉米棒时是转圈吃而不是从一边到另一边。假设这个样本能够准确地代表全体人们。五个你认识的人当中，至少两人转圈吃玉米棒的概率是多少？

·如何能知道一个人转圈吃玉米棒的概率？

·概率分布怎样帮你解决这个问题？

例2：（质量监控）公司声称，它的谷类食品盒99%拥有至少包装盒上说明的谷物重量。

甲：在质量控制检查点，一箱出十盒随机样本达不到它的标准重量。由于箱子重量变化导致这种情况的概率是多少？

乙：假设十个盒子中有三个盒子没有达到标识重量。你会得出什么样的结论？请做出解释。

这种用实际问题启发学生思考的做法，能使学生认识到数学知识是从实际生活中而来，又要应用到实践中去，使学生在思考的过程中发现定义或命题，描述实际生活中抽象而来的数学问题，然后再解决实际问题。因此，数学知识的应用应该潜移默化地伴随着数学知识的呈现，单单拿出某一小节来做某部分数学知识的应用题，让学生进行练习是没多大益处的。

第六章　高中数学逻辑推理素养的教学策略

第一节　逻辑推理素养的关键要素在教学内容中的体现

　　本书划分了逻辑推理素养的维度和层次水平，设计试卷对高中生的数学逻辑推理素养进行了测试，考察了高中生数学逻辑推理素养能达到的水平，确立了数学逻辑推理素养的关键要素。下面讨论在日常教学中，如何通过课程教学培养高中生的逻辑推理素养。

　　中国传统的数学教育强调的是基础知识与基本技能。后来，《义务标准》将传统的"双基"发展为"四基"，在"双基"的基础上加上了基本思想和基本活动经验，希望学生通过数学学习学会思考，逐步具备抽象能力与逻辑推理能力。数学核心素养的提出是"四基"的继承与发展，为实现发展学生核心素养的教育目标，在数学教育中应遵循两条重要原则：①把握数学知识的本质；②设计并实施合理的教学活动。

　　"三会"是数学核心素养的内涵，为培养学生的数学核心素养，数学教师需要提升数学专业能力，养成用数学的眼光发现和提出问题、用数学的思维分析和解决问题、用数学的语言表达和交流问题的习惯。为此，高中教师不仅需要了解高中部分的数学知识，还需要将高等数学与初等数学融会贯通，从贯通的视角审视高中的数学知识，这样才能够讲出数学研究对象的本质，理解知识之间的关联，把握数学知识产生与发展过程中所蕴含的数学思想，提升在数学教学中渗透数学基本思想的意识和能力。

设计并实施合理的教学活动，是让学生经历"数学化""再创造"的过程，让学生从自己的经验和认知出发，通过观察、归纳、类比及概括等活动，去发现和提出数学命题，进一步验证他们发现和提出的数学命题，理解数学知识，认识数学的研究价值。传统的数学教学强调知识的传授和技能的训练，这个过程是教师主导，学生被动接受知识，这实际上忽视了学生在学习过程中的主体地位，缺乏师生之间和生生之间的交流。因此，数学教学活动是师生的互动过程。因为数学学科具有高度的抽象性，所以合理的数学教学活动更能激发学生的学习兴趣，引导学生热爱数学，让学生感悟到数学的广泛应用性和学习数学的重要意义。为此，教师要设计合适的情境，提出合适的问题，引导和组织学生经历观察、归纳、类比及证明等思维过程，使学生在活动过程中感悟数学基本思想，积累数学基本活动经验，形成核心素养。

《标准（2017 年版）》要求培养高中生的逻辑推理素养，为了使教师能在教学当中有机地融入逻辑推理素养，需要把逻辑推理素养具体化，赋予内涵，也就是说，需要明确明白了哪些事情，才可以说是发展和形成了逻辑推理素养，即上文表述的数学逻辑推理素养的关键要素。教师在数学课程中培养学生的逻辑推理素养，需要在课程教学中有意识地、潜移默化地渗透逻辑推理素养的关键要素：定义与命题的表达；推理的一般形式；归纳推理的思维过程；演绎推理的思维过程。

下面通过关于"高中生对函数的认识和态度"这一问题的研究，说明逻辑推理素养的关键要素在高中数学课程中体现的重要性和必要性。

一、关于"高中生对函数的认识与态度"的调查研究

挑选"函数"这个数学的研究对象作为讨论内容，是因为函数是贯穿高中数学课程的主线，也是大学数学的重要内容，又因为函数概念的抽象性与复杂性，函数概念的教学是教学的重点，也是难点。有关高中生如何理解函数概念的研究已经很多，比如，濮安山在用理论分析高中生函数概念的建构过程时，发现大部分学生能够完成操作活动，并且能够综合描述出函数概念，达到操作阶段和过程阶段的要求，但只有很少的学生能达到

对象阶段和图式阶段的要求（濮安山 等，2007）。曾国光（2002）通过对 100 名学生的测试，发现中学生的函数概念认知可分为三个阶段，测试结果表明达到高层次水平的学生数量极少。这些研究都说明学生理解函数概念的难度很大。笔者希望通过研究，弄清楚为什么高中生不能深刻理解函数概念，高中生对函数的认识和态度是什么。调查采用的研究方法是定性分析和定量分析相结合的方式，数据和信息的收集分为纸笔测试、学生访谈和教师访谈三种形式。

调查对象。选取长春市和哈尔滨市各一所高中进行调查，学生共计 35 人。其中长春市高一学生 5 名，高二学生 4 名，高三学生 3 名，共计 12 名学生；哈尔滨市高一学生 14 名，高二学生 6 名，高三学生 3 名，共计 23 名学生。总计，高一学生 19 名，高二学生 10 名，高三学生 6 名。

学生访谈 12 名，其中高一学生 6 名，高二学生 3 名，高三学生 3 名。访谈教师 3 位，其中高三年组 1 位有 38 年教龄的特级教师，高二年组 1 位有 10 年教龄的教师，高一年组 1 位教龄将满 1 年的刚入职教师。

纸笔测试结果分析。纸笔测试的目的是了解高中三个年级段的学生对函数概念的掌握情况，三个年级的题目是一样的，其中 12 个题目是常规性的判断题，1 个题目是让学生述说函数表达式中每一个符号的意义。12 个判断题的回答正确率如表 6-1 所示。

表 6-1　高中生纸笔测试的正确率

	高一 正确率	高二 正确率	高三 正确率
解析式	94.5%	98%	96.7%
图象	87.4%	92%	96.7%
表格	68.4%	95%	91.7%
总成绩	87.5%	95%	95.75%

函数概念在初中数学中已经有所渗透，用变量关系予以表述，侧重解析式的表达方式；高中数学则开学伊始，就把函数作为教学内容的主线，用对应关系予以表述，实现了更高层次的抽象。表 6-1 的数据显示，高一的学生还不能在更抽象的层次，或者说还不能更一般性地把握函数的概念，更多的是承接了初中学习的关于函数的知识。特别是，表格类题目正确率比较低的原因是学生不能清晰地判断表格所显示的变量所在的数域。

表 6-1 的数据显示，高二和高三的学生基本能够一般性地把握函数的概念。进一步，12 个题目全部回答正确的，高一学生 19 名中有 3 名，高二学生 10 名中有 6 名，高三学生 6 名中有 3 名，这也表明高二和高三的学生明显优于高一的学生。这样的进步，可能是逐渐领悟的结果，也可能是反复训练的结果。可以通过对学生访谈的分析，了解其中更详细的原因。

对于函数表达式 $y = f(x)$ 中符号的理解，高一学生的回答主要分为三种：x 是自变量，f 是对应法则，y 是 x 经对应法则作用后的值，占 54.5%；x 是原象，y 是象，f 是映射，占 27.3%；x 是横坐标，y 是纵坐标，f 是对应法则，占 18.2%。高二和高三学生只有一种回答：x 是自变量，y 是对应法则，y 是 x 经对应法则作用后的值。这也表明，高二和高三的学生对函数概念的理解更加清晰。

学生访谈结果分析。接受访谈的同学共 12 名，其中高一学生 6 名，高二学生 3 名，高三学生 3 名。学生访谈提纲有 16 个问题，大体可以分为三个方面：对函数的理解、对函数的态度和学习数学的态度。访谈结果表明，学生对函数的态度与学习数学的态度是一致的，下面分两个方面归纳访谈结果。

（一）高中生对函数的理解

接受访谈的 12 名学生都能准确地说出函数的定义，其中 10 名学生用变量关系述说函数的概念，其余两名用对应关系述说函数概念。这个结果与纸笔测试的结果大体一致，因为纸笔测试的结果显示，几乎所有的学生都能够理解用解析式表达的函数。

但是，访谈结果表明，大多数的学生都不能很好地理解函数的本质。对于"你认为函数研究的问题是什么"和"你认为学习函数的用处是什么"这类问题，有 9 名学生不能说明函数研究的问题是什么，进而不能说明学习函数的意义。其中的大部分学生，特别是高一的学生，认为学习函数是为了计算，例如这样的回答："函数是研究有一定规则的计算方式""函数为一种计算方式""函数是一个变量能按照一个作用表示出另一个量的表达式"，等等；还有些学生认为学习函数就是为了研究图形的性质，例如这样的回答："函数研究的是单调性、奇偶性等图象所具有的性质"。

事实上，学生的回答暴露了教学中的问题，甚至暴露了教材编写的问题，因为大部分学生不能理解高中为什么要用对应的方法重新定义函数，例如对于"初中时学习了函数的概念，高中又用'对应说'重新定义了函数的概念，两种定义有什么不同吗？为什么需要重新定义呢？"这个问题，学生普遍认为："高中的概念比初中的概念更高级了""在初中需要计算 x 为 a 值时的 y 值时，需要写很多的字来叙述，在高中的时候只要写 $f(a)$ 就行了。"可是，当追问"高中概念的高级是否只是因为求值表述得更方便"时，学生予以否认，但又不能说清楚高中概念的高级包括哪些内容。甚至有极少部分学生认为，学习函数就是为了考试，例如这样的回答："如果说学习函数有意义的话，那么，这个意义大概就是考试吧""学习函数是为了老师能够判断一个学生学习的好坏。"

由此可见，大多数高中生不清楚在高中阶段用对应的观点重新定义函数的必要性，也不清楚高中阶段的数学为什么要如此重视函数。在大多数高中生的眼中，学习函数与学习其他东西一样，仅仅是一个学习的对象，因此，学习函数就是为了做题，就是为了考试。这或许就是"应试教育"在学生学习目的方面最明显的体现。

（二）高中生对函数的态度

学生对学习函数的态度也能够体现出学生学习数学的态度。通过访谈可知，所有学生都认为学习函数很难，有的认为函数的难度可以任意变化，比如这样的回答："教材中的例题都是挺简单的，可是练习册中的习题就变得有难度了。"

对于教材中关于函数发展史的介绍，只有不到50%的学生看过，经过追问了解到，所有看过函数发展史的学生都表示喜欢上数学课，并且数学成绩都在班级的中上游，特别是如果学生所在班级的数学教师，能够在数学教学的过程中适当地渗透数学史以及相关的数学文化，学生对于学习数学的兴趣会有所提高。一个不能忽视的事实是，不喜欢学习数学的学生遇到不明白的问题时，会等待教师讲解，如果教师没有讲解，自己也就不思考了。

值得注意的是，在接受访谈采访的学生中有 3 名是"实验班"的学生，他们都表示平时喜欢上数学课，因此他们对函数的认识比较深刻，不但能够从变量之间的依赖关系和实数集的对应关系来理解函数，还能够举出不少生活中函数的例子。例如，在回答"你认为函数是研究什么"的问题时说："函数是用来表达变量间的关系的，这些变量就自己而言是单独的，但它们都是有联系的，我们学习的仅是函数两个变量间的关系，并且这两个变量的关系很简单，现实中经常出现的是很复杂的变量关系""我们平时几乎没有时间看关于数学史的课外书，但教材中关于函数发展史的部分我自己都看过，我们班的数学老师在平时上数学课时，都会从数学史的角度提及相关数学知识的来龙去脉，我对数学史还挺感兴趣的""数学的研究对象是从生活中来的，虽然不能直接获得，但经过抽象就可以获得了"。这 3 名学生，都知道函数是刻画运动与变化的数学模型，并且能够在解答具体问题时灵活运用函数的知识。

由此可见，学生对函数的态度（包括学习数学的态度）决定了这个学生如何学习函数，因此决定了这个学生是否能够真正理解函数、应用函数。不言而喻，一个学生学习函数的态度，在很大程度上源于这个学生义务教育阶段的学习状况，比如上面提到的 3 名同学。但是，对于大多数学生，当他们进入高中学习以后，如果数学教师能够关注学生学习数学、学习函数概念的态度和心理，让学生"感悟"数学所要研究问题的本质，"理解"命题之间的逻辑关系，在"感悟"和"理解"的基础上引导学生学会思考，对帮助这些学生建立学习数学的兴趣和信心是会有显著效果的。

对教师的访谈。访谈是对高中一线教师，围绕如何进行函数教学进行的访谈。如前所述，访谈教师 3 名，其中高三年组 1 位有 38 年教龄的特级教师，高二年组 1 位有 10 年教龄的教师，高一年组 1 位教龄将满 1 年的刚入职教师。

关于函数概念的讲授，新教师所采用的方法是，先回忆初中的"变量说"，对应教材中三种函数表达形式的实例，让学生说出其中的自变量和因变量，再从集合的角度分析自变量和函数值的取值范围，最后引导出高中的"对应说"。当追问：初中函数已经有了"变量说"的定义，高中函数为什么还要学习"对应说"的定义呢？这位教师的解释是：初中函数是"单一"的变量 x 和 y 之间的对应关系，高中函数是非空数集的对应关系。当继续追问：初中函数也有自变量的取值范围，为什么说初中函数概念是单一的？"变量说"和"对应说"有什么本质的不同？这位教师的回答是：在教学中不太关注这些知识，更多的是关注学生们会不会做各种题目。

中年教师和老年特级教师采用的教学方法与新教师有所不同，他们都会先讲映射，即先讲一般意义的对应关系，然后再说明函数是一类特殊的映射，引入函数的基于对应关系的定义。但是，这样的教学仍然没有让学生感知高中阶段引入函数"对应说"定义的必要性。他们回答说，从来也没有学生提出过这个问题，在课堂中更关注的是讲完概念之后，学生是否会求函数的定义域和值域等具体的知识和技能。这两位教师对"对应说"的理解是一致的，因为"变量说"不准确，并且举例说明，不能判断" $y=0$ "是否为函数。

由此可见，大多数高中教师不能很好地理解高中函数定义与初中函数定义差异的本质，因此在教学活动中，不能深入浅出地引导学生认识函数知识的本质，理解命题之间的逻辑关系，激发学生学习函数的兴趣，帮助学生感悟其中蕴含的数学思想，形成和发展数学核心素养。

测试及访谈的结论总结。从纸笔测试和访谈记录可以发现，高中学生普遍能够较好地把握与函数概念有关的知识技能，但是，这些学生在对函数本质的理解以及应用函数解决实际问题等方面还存在很大的问题。究其原因，主要因为在教学过程中，教师主要关注学生知识的记忆和技能的熟练，导致许多学生被动学习，而不是主动学习。

研究结果表明，高中学生不能深刻理解函数概念主要是因为：与初中函数比较，高中函数的定义发生了本质的变化，函数的作用也发生了根本的变化。原有教科书、包括教师课堂教学都没有关注这样的变化，最终导致高中学生不能很好地把握函数的本质。这个现象不仅涉及了知识和技能，事实上不重视变化的课堂教学深刻地影响了高中学生对函数，甚至是对数学的认识和态度。

因此，在数学课程教学中，注重定义与命题的表达、明确推理的一般形式、清楚演绎推理的思维过程和归纳推理的思维过程，让学生在过程中"感悟"数学所要研究问题的本质，"理解"命题之间的逻辑关系，在"感悟"和"理解"的基础上学会思考，最终形成和发展数学的逻辑推理素养，这是基于数学核心素养的教学设计所必须思考的重点。

关于高中数学逻辑推理素养的教学实践课。在调查上文所述的"高中生对函数的认识与态度"的问题时，笔者注意到了《标准（2017年版）》附录部分中的"案例7——停车距离模型"，希望学生在活动中，经历从现实问题中确定变量、探寻关系、建立模型、计算系数、分析结论的全过程。为此，笔者在任课教师的帮助下组织学生的实践课，通过案例分析，尝试探索在高中数学课堂中培养学生逻辑推理素养的教学策略。

实践课目的：根据现实背景，建立急刹车的停车距离数学模型，理解数学模型中系数的意义，并根据模型得到的结果，就行车安全提出建议。

具体过程：

将参加访谈的12名学生按照年级分组，高一分两个组，高二和高三各1个组，每个组3人。笔者在任课教师的帮助下，组织学生进行了利用函数建模的实践课，观察并记录了学生的建模过程。每个小组的教学内容是一样的，都是讨论刹车距离模型。

具体任务：找出影响刹车距离的制约因素，建立刹车距离的函数模型。

关键环节：确定影响停车距离的主要因素，建立急刹车的停车距离模型，确定参数，计算求解。

创设情境，提出问题：你们中有多少人是乘车来上学的呢？是乘坐私家车还是公交车？有没有遇到需要刹车的情况？遇到雨雪天气，刹车的停车距离会不会受到影响？

师：对于上面的问题，我们正在考虑收集一些数据，为行车安全提出一些建议。我们应该怎么做呢？

生：（沉默。）

师：我们是不是首先知道什么因素会影响刹车的停车距离？

生：是。

师：你觉得有哪些因素呢？

生A：车辆的重量会有影响吧？

师：为什么？

生A：因为车辆重，在路面状况相同的情况下，摩擦力大啊！

师：也就是说，车辆的重量之所以会作为影响因素，是因为产生的摩擦力大小不同？

生A：对！

师：那也就是说，车辆所受的摩擦力影响了车辆的刹车距离？

生A：没错！

生B：雨雪天气路滑就不好停车。

师：为什么路滑就不好停？

生B：因为摩擦力小了。

师：没错，那是不是就是说，摩擦力是影响刹车距离的重要因素，能够影响摩擦力的因素就会影响刹车距离？

生：对！

师：还有吗？

生C：车速快慢也会影响吧？

师：为什么车速快慢会有影响？

生：也会影响摩擦力。

生B：是这样的，再说，不一样的车和不一样的人情况都不一样吧？

师：你说的是什么情况不一样？

生B：车的刹车性能好坏不一样，人的反应快慢也不一样。

师：不一样的人的反应时间的确不同，并且刹车的制动力影响了刹车距离。

……

师：经过刚才的讨论，我们确定了影响刹车距离的两个最为基本的因素：汽车刹车的制动力和地面的摩擦力。

师：接下来呢？我们该怎么办？

生：（沉默）

师：我们现在是希望能够描述现实世界的运动和变化，我们能通过学习过的知识做到吗？

生：函数……

师：那我们怎样用函数来描述刹车的制动力和地面的摩擦力啊？

生：……

课堂记录表明，所有小组的情况都是类似的，与年级无关，学生们表示他们从来也没有接触过这样的"没有具体条件，也没有具体结论"的问题，因此完全无法入手；后来，在老师的提示下，经过学生们的讨论，都能够确定影响刹车距离的两个最为基本的因素：汽车刹车的制动力和地面的摩擦力。在教师的提示下，得到了用生活语言表述的模型：

$$停车距离 = 反应距离 + 制动距离$$

用 d 表示停车距离，d_1 表示反应距离，d_2 表示制动距离，上面的模型可以用数学语言表示为 $d=d_1+d_2$。

虽然得到了反应距离 d_1 与制动距离 d_2 的和能够表示停车距离 d，但是学生仍然不能利用学过的函数知识提出假设，建立符合背景的模型。

师：现在我们已经把停车距离 d 表示成了反应距离 d_1 与制动距离 d_2 的和，那么接下来应该怎么做呢？

生：应该想办法表示反应距离 d_1 和制动距离 d_2。

师：没错，怎样表示出 d_1 和 d_2？

生：什么条件也没有啊……（沉默）

师：什么条件都没有的情况下，我们是不是可以把需要的量先用字母假设一下？

生：是……

师：一个一个来，因为你们物理课中学习过摩擦力的相关知识了，我们先想办法把 d_2 表示出来。

生 A：用 F 表示摩擦力，刹车时所做的功是 Fd_2。

师：非常好，现在我们的表达式里面已经出现了需要表示的量，只要建立一个等量关系就好了，那么刹车时所做的功还能用什么式子来表示？

……

师：能量守恒定律是不是可以帮助我们建立等量关系？

生：是……

师：根据能量守恒定律，$Fd_2=mv^2/2$，其中 m 是车的质量。现在我们需要把 d_2 表示出来，如果车的质量是 m，那么 F 等于什么？

生 B：必须知道加速度才行，假设加速度是 a，那么 $F=ma$。

师：没错，现在已经建立起来包含未知量的等量关系，即 $mad_2=mv^2/2$，是不是可以表示出 d_2 了？

生：对！$d_2=v^2/2a$！跟车辆的质量无关！

师：非常好！在这个表达式里面，制动距离与汽车速度的平方是成正比的，那么可以把表达式写成：$d_2=\beta v^2$，其中 β 作为待定参数。

师：下面我们尝试表示 d_1，反应距离都与什么有关？

生 A：与司机的反应时间有关。

生 C：应该也跟汽车的速度有关。

师：是怎样的关系？

生：（沉默）……

师：一般情况下，是不是反应时间越久，反应距离会越长？

生：没错。

师：那么是不是车速越快，反应距离也会越长？

生：对，是这样。

师：那也就是说，一般情况下，反应距离 d_1 与反应时间和汽车速度 v 都成正比？

生：是。

师：那么是不是可以把这个关系表示为 $d_1=atvd$，其中 a 是待定参数？

生：是的，但是反应时间 t 没办法确定啊，每个人都不同……

师：没错，所以我们目前只能确认反应距离与汽车速度成正比，虽然每个人的反应时间都不同，但我们可以通过收集数据，得到一般的结论，所以这个关系式可以写成 $d_1=av$，我们认为可以用 a 替代 at。

师：这样的话，反应距离 d_1 和制动距离 d_2 就都被表示出来了，那么停车距离 就可以写成 $d=d_1+d_2=av+\beta v^2$。

生：那接来下怎么办啊？两个参数都是未知的。

……

在这个过程中，不同年级学生的表现是类似的，不能利用学过的函数知识建立符合背景的数学模型。最后，经过老师长时间引导，才完成了数学建模的过程。

师：经过研究，我们把汽车的停车距离 d 表示为 $d=d_1+d_2=av+\beta v^2$。但是，参数是不可能通过理论计算得到的，要通过现实数据来估计。为了得到刹车的停车距离模型中的参数，需要通过实验的方法，才能得到现实的数据。表 6-2 是美国公路局公布的试验数据[①]，根据 $d_1=av$ 和 $d_2=\beta v^2$，我们来计算一下每一行中相应的 a 和 β 的值。

表 6-2　通过试验观察到的反应距离、制动距离与停车距离

$v/(\text{km·h}^{-1})$	d_1/m	d_2/m	d/m	α	β
32	6.7	6.1	12.8	0.208	0.005 9
40	8.5	8.5	17.0	0.212	0.005 3
48	10.1	12.3	22.4	0.208	0.005 3
56	11.9	16.0	27.9	0.211	0.005 0
64	13.4	21.9	35.3	0.208	0.005 3
72	15.2	28.2	43.4	0.211	0.005 4
80	16.7	36.0	52.7	0.208	0.005 6
89	18.6	45.3	63.9	0.210	0.005 8
97	20.1	55.5	75.6	0.208	0.006 0
105	21.9	67.2	89.1	0.210	0.006 1
113	23.5	81.0	104.5	0.208	0.006 4
121	25.3	96.9	122.2	0.210	0.0067
128	26.8	114.6	141.4	0.208	0.0069

①原始数据来自 Frank R. Giordano，Maurice D. Weir，Willam P. Fox. 数学建模 [M]. 叶其孝，姜启源等，译．3 版．北京：机械工业出版社，2005：57-58.《标准（2017 年版）》为了便于理解，此处把距离单位换算为千米、米，表格来自《普通高中数学课程标准（2017 版）》附录 2 "教学与评价案例"的案例 7，118 页。

师：通过计算表 6-2 中每组数据相应的 α 和 β 的值，可以求出它们的平均数分别为 $a=0.21$，$\beta=0.006$，把这组数据作为参数 a，β 的一种估计，可以得到刹车距离模型：

$$d=0.21v+0.006v^2$$

师：这样我们就得到了刹车距离模型，并且模型中的参数估计是来源于实际的，所以我们应该把这个模型应用于实践，让它能够应用于汽车的刹车设计还有交通管理等现实问题，同时更应该通过更多的实际数据，让实践检验这个模型的准确程度，以作调试。

师：为了更加直观，人们绘出了刹车的停车距离图，我们一起来看一下（见图 6-1）。

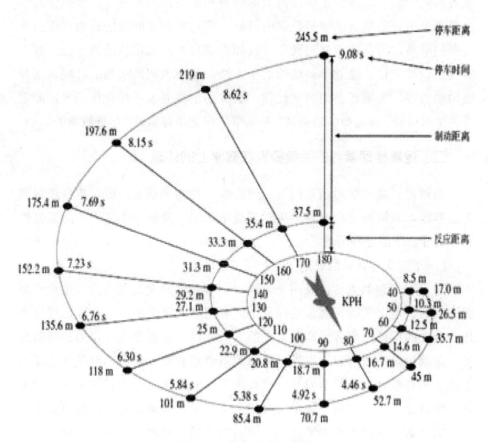

图 6-1　停车距离示意图

在这个过程中，虽然经教师长时间的引导，成功建立了数学模型，但学生始终不知道如何建立假设、根据假设设立数学模型中的参数，只有当老师提供了实际的实验记录数据时，学生才清楚地计算出函数模型中的未知常数，最终完成了利用函数建模的实践课。

回顾函数建模实践课的开设过程，值得注意和反思的是，在这样的解决实际问题的学习过程中，尽管整个过程都不顺利，但所有学生的学习态度都非常积极，都努力地回顾学过的函数知识，思考如何建立函数知识与现在的现实背景的联系。经历了这样的实践课的学习以后，几乎所有的学生都表示，以前在解函数应用习题的时候，都认为是为了巩固函数知识而进行的训练，而这一次才真正有了用函数解决现实中实际问题的体验，甚至有的同学表示，增强了学习函数的兴趣和渴望。由此可见，大部分高中生具有学习好函数、学习好数学的潜质，并且具有良好的情感态度价值观方面的潜质，因此在教学过程中，教师不能只关注知识技能的传授，甚至实施知识靠记忆、技能靠训练的教学方法，而应当利用适当的时间、选择适当的内容，实施适当的教学过程，引发学生独立思考和合作交流，激发学生学习函数、学习数学的兴趣，帮助学生建立学好函数、学好数学的信心。

二、逻辑推理素养的关键要素在教学上的体现

通过对"高中生对函数的认识与态度"的相关研究，可以感悟逻辑推理素养这一关键要素在培养学生学习数学知识、发展学生能力上的重要性和必要性。下面分别阐述。

（一）定义与命题的表达

定义与命题的表达涉及两个方面，一是数学定义的表达，二是数学命题的表达。定义是研究对象的抽象，或者用名义定义的方法，以公理体系作为清晰的保证，或者用实质定义的方法，以充分必要条件作为清晰的保证。命题根据陈述内容，可以区分为关系命题和性质命题。数学命题是数学推理的对象，一个数学命题可以被判断的前提是这个命题中所涉及的概念，即命题中"所指项"的定义必须是清晰的。强调定义与命题的表达这一关键要素，实际上是为了让学生明确数学的研究对象是什么，这是进行数学学习和研究的出发点和落脚点。

"定义与命题的表达"在教学中的重要性和必要性无须赘述。比如在"高中生对函数的认识和态度"研究中，学生知道函数的定义是什么并不意味着对概念有了比较深刻的理解。让学生知道数学的研究对象是什么，不仅需要让学生明白概念产生的思维过程，还需要引导学生理解数学知识产生的必要性，并且要通过应用概念的过程，加深学生对概念的理解。

（二）推理的一般形式

如前所述，有逻辑的推理是指推理的过程具有传递性，主要推理形式包括了具有关系传递或第一类性质传递的演绎推理、具有第二类性质传递中情况一的归纳推理以及具有第二类性质推理中情况二的类比推理。

让学生理解逻辑推理过程的传递性，不能仅通过教师的讲授，必须通过学生在过程当中的亲身感悟。在前面叙述的函数建模实践课的过程当中，从问题的提出到问题的解决，无不体现出逻辑推理过程的传递性，假设和猜想的提出与命题的验证都是一步步、顺理成章地实现的。

（三）归纳推理的思维过程

得到命题所依赖的推理形式主要是基于一个类的归纳推理和基于两个或两个以上类的类比推理。比如刹车距离模型的建立过程中，猜想的提出是建立在经验的基础上的，首先需要确立影响因素，再根据形象因素提出假设，建立模型。观察材料的合理排列与合适对照是导向有逻辑推理的有效途径，一般来说，这需要经验的积累和灵感的乍现。在得到猜想的过程中，总是得先对一些特殊情况做试验，然后设法从中归纳出一般性的规律、公式和结论，接下来就可以对得到的命题进行验证了。需要注意的是，规律的发现是过程性的，这个过程不是一蹴而就的，往往需要反复推敲和验证才行。归纳推理的思维基础是得到集合，若发现这个集合中的元素具有某个性质或者符合某种规律，那么就推断这个集合中的所有元素都符合这个规律，为了得到结论，往往需要调整集合的大小，一般是缩小集合，或者弱化性质以得到结论。

（四）演绎推理的思维过程

得到的命题之正确性需要用演绎推理来验证，数学证明的方法都属于演绎推理，常用的证明方法有三段论、完全归纳法、反证法、数学归纳法等。如果验证了数学命题是正确的，那么就可以把得到的数学命题进行应用；如果不正确，那么则需用缩小类的方法，重新提出新的数学命题，然后再次进行验证。

第二节 高中数学逻辑推理素养的教学模式探究及案例分析

一、基于逻辑推理素养的教学模式设想

通过上文中表述的函数建模实践课的过程与反思，可以发现有助于发展学生的思维的教学过程必须要注意激发学生的学习兴趣，引导学生主动学习。发展学生逻辑推理素养的教学过程要融合逻辑推理素养的关键要素：定义与命题的表达、推理的一般形式、归纳推理的思维过程，以及演绎推理的思维过程。

具体来说，对于有待解决的问题：首先，应当从中抽象出数学的研究对象，把现实生活中的问题数学化，再利用学过的与此数学研究对的相关的知识，判断影响这个研究对象的相关因素，判断这些因素与数学化后的问题的充分性和必要性关系；在整个问题解决的过程中，要注意思维的传递性、连贯性；然后，根据个例呈现出的规律提出假设，通过归纳或类比提出数学命题；接着，运用演绎推理验证数学命题的正确性，如果不正确，则需要重新重复上述步骤，提出新的数学命题（通常需要缩小类），再次进行验证。

然而，这个过程至此还没有结束，数学模型还需要经过实践数据的检验，验证与实践是否相符，只有与实践相符的模型才能够说是解决了现实中的问题。接着，经过实践检验的反馈，也能够为模型的进一步改进提供参考，这时就又需要重复上述过程中的某个或某些关键步骤了。下面将这个过程用思维导图的形式表示，如图6-2所示。

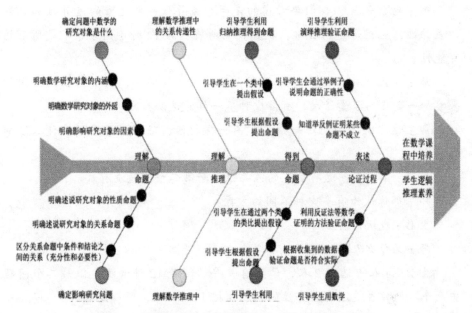

图6-2　问题驱动下的逻辑推理素养教学模式示意图

二、关于逻辑推理素养的教学模式的案例分析

下面基于问题驱动下的逻辑推理素养教学模式，通过实际课堂教学进行案例分析，讨论高中数学课程中逻辑推理素养的教学策略。

（一）组合

【定义与命题的表达】

师：之前我们已经完成了对排列的学习，现在我们要做这样一件事情。在我右侧的这四位同学中选出两位，对一会儿要进行的课堂活动，一位进行分析，一位进行总结，将会有多少种不同的选法？

师：下面我们来采访一下候选人。

生A：我认为有12种，这个问题是从4人中选出两人分配任务，安排他们到不同的位置上去，这是个排列问题。所以是$A_4^2=4×3=12$。

师：你分析用排列方法来解决这个问题的理由是什么呢？换句话说，我们判断一个问题是排列问题，依据是什么呢？

生B：因为要从中选出不同的人，然后放在不一样的位置。

师：也就是说，我们要考虑的是两个差异性，即元素的差异性和位置的差异性，也就是先取后排，现在我们所展示的 12 种不同方案就是所有的可能性。

师：下面我们来看第二个问题，还是这 4 位同学，从中选出两位同学来参加一会儿的课堂活动，有多少种不一样的选法？

师：这跟刚才的问题一样吗？不一样的话，跟刚才的问题有什么区别和联系？

生 B：第一个问题有位置的差异性，而第二个问题没有。

师：那你认为有多少种不同的方案？

生 B：我认为有 6 种。

师：为什么？

生 B：4 人中选出 2 人，位置有差异的话是 12 种选法，但第二个问题中两个人的位置是没有差异性的，应该把 12 除以 2，所以是 6 种。

师：没错！第一个问题中位置有差异，但在第二个问题中的 a，b 和 b，a 两个排列对应的是一种选法，因此有 A_4^2 的 $\frac{1}{2}$ 种选法，即 6 种。

师：其实在刚刚这个问题当中，我们从 4 个不同元素当中取出两个元素，没有把这两个元素排成一列，而是直接合成一组，这种做法就使我们即使交换他们的顺序，改变他们的位置，对最终的选取方案是没有影响的。那么对于类似这样的事情，就可以用我们今天所要学习的组合问题来处理。

师：下面我们来看组合的定义是什么。

组合的概念：一般地，从 n 个不同元素中取出 m（$m \leqslant n$）个元素合成一组，叫作从 n 个不同元素中取出 m 个元素的一个组合。

师：我们把 4 名同学抽象为 4 个元素 a，b，c，d，在 4 个元素中选出两个元素，你认为有几个组合？

生 C：a，b；a，c；a，d；b，c；b，d；c，d。

师：你刚刚说 a，b 是一个组合，那么 a，b 和 b，a 是不同的组合吗？

生 C：不是。

师：那么也就是说，两个相同的组合需要满足什么条件？

生：元素相同。

师：两个相同的排列呢？

生：元素相同，相同元素所处的位置也相同。

师：对，这就是组合问题与排列问题的一个重要区别。在排列问题中，我们既要考察元素的差异性，也要考察位置的差异性；在组合问题当中，我们只需考察元素的差异性就可以了。

师：下面我们结合组合的定义，对下面的问题进行辨析，看看哪些是排列问题，哪些是组合问题。

……

评析：创设情境，通过实例分析，让学生体会排列问题与组合问题之间的区别和联系，让学生在过程中体验到组合问题与排列问题的共性和差异，知道组合所研究的是哪一类问题。然后，舍去实例中的现实背景，抽象为数学的研究对象，用数学的语言来表达组合的定义是什么，即用数学命题述说数学的研究对象。接着，通过实例对概念进行辨析，进一步使学生明确组合问题的概念和命题述说。

【推理的一般形式】（推理是从一个命题判断到另一个命题判断的思维过程，对于数学命题的判断必须基于三个基本前提：同一律、矛盾律、排中律。推理的一般形式是潜移默化地贯穿命题的提出和验证的全部过程的。）

师：现在把刚才的过程总结一下，我们判断一个问题是排列问题或是组合问题的依据是什么？

生：看看是否有位置的差异性。

师：没错！当我们需要既考虑元素的差异性，又考虑位置的差异性时，这就是一个排列问题；当我们只需考察元素的差异性，不需要考察位置的差异性时，这就是一个组合问题。

师：之前在排列的学习过程中，我们把 n 个元素中选出 m 个元素所有排列的个数称为排列数，并且用 A_n^m 来表示。现在，我们把从 n 个不同元素中取出 $m(m \leq n)$ 个元素的所有组合的个数，叫作从 n 个不同元素中取出 m 个元素的组合数，用符号 C_n^m 表示。

评析：问题解决的过程都是数学推理的具体表现，理解推理是问题解决的途径，学生应该理解推理过程具有动态性，通过归纳推理发现规律，获得数学命题，通过演绎推理来验证所获得的数学命题正确与否。

【归纳推理的思维过程】

师：那么，前面的第二个问题的组合数可以表示成什么？

生：C_4^2

师：对！刚才有同学告诉我们，$C_4^2 = \dfrac{1}{2} \cdot A_4^2 = 6$。

师：下面我们考虑，C_4^3 表示什么？

生D：从4个元素中取出3个合成一组。

师：没错，那么 C_4^3 和 A_4^3 的关系是什么？大家能不能猜一下？

生：……

师：（将图6-3在PPT上展示出来）大家能不能够根据大屏幕中所展示的规律，反思一下 C_4^3 和 A_4^3 的关系？

$$
\begin{array}{l}
a\,b\,c \rightarrow a\,b\,c \quad b\,a\,c \quad c\,a\,b \\
\qquad\qquad\ a\,c\,b \quad b\,c\,a \quad c\,b\,a \\
a\,b\,d \rightarrow a\,b\,d \quad b\,a\,d \quad d\,a\,b \\
\qquad\qquad\ a\,d\,b \quad b\,d\,a \quad d\,b\,a \\
a\,c\,d \rightarrow a\,d\,c \quad c\,a\,d \quad d\,a\,c \\
\qquad\qquad\ a\,c\,d \quad c\,d\,a \quad d\,c\,a \\
b\,c\,d \rightarrow b\,d\,c \quad c\,b\,d \quad d\,b\,c \\
\qquad\qquad\ b\,c\,d \quad c\,d\,b \quad d\,c\,b
\end{array}
$$

图6-3　C_4^3 和 A_4^3 的关系示意图

师：大屏幕的左侧给出了从4个不同元素 a，b，c，d 当中取3个元素的所有组合数，那么每一组3个元素的组合对应了几个排列？

生：6个！

师：那么对于其中每一组3个元素的组合，都对应着多少个排列？

生：是 A_3^3！6个排列！

师：那也就是说，每一组3个元素的组合，都对应着 A_3^3 个排列？

生：是的！

师：那么 C_4^3 和 A_4^3 的关系是什么呢？

生 E：C_4^3 等于 A_4^3 除以 A_3^3。

师：非常好！

师：如果这个问题得以解决的话，我们如何借助已经掌握的排列数，求出对应的组合数呢？

生：……

师：C_4^2 等于 A_4^2 除以 A_2^2，C_4^3 等于 A_4^3 除以 A_3^3，大家猜测一下，C_n^m 与 A_n^m 之间是什么关系？

生：C_n^m 等于 A_n^m 除以 A_m^m。

师：这是一个猜想，这个猜想对不对呢？我们怎么证明这个猜想是对还是错？

生：……

师：下面大家思考一下，也可以互相交流讨论。

【评析】从具体的、特殊的排列数与组合数之间的关系，即 $C_4^3 = \dfrac{A_4^3}{A_3^3}$。通过归纳推理，得到排列数与组合数之间的一般性规律，从而获得猜想，得到数学命题，即 $C_n^m = \dfrac{A_n^m}{A_m^m}$。然后，让学生清楚通过归纳得到的数学命题具有或然性，其正确性需要用数学证明来验证。

【演绎推理的思维过程】

生 F：因为每一组 m 个元素的组合，都对应着 A_n^m 个元素的排列。

师：说得很好！我们希望探索 C_n^m 与 A_n^m 之间的关系，首先我们以 C_4^3 和 A_4^3 为例，从 4 个元素中取出 3 个元素，有多少种取法？

生：C_4^3。

师：那么选取完后再排列，有多少种排法？

生：A_3^3。

师：没错！先去后排，用 C_4^3 乘 A_3^3 就等于什么？

生：是 A_4^3！

师：非常好！也就是说，$A_4^3 = C_4^3 \cdot A_3^3$，我们要得到从 4 个元素中取 3 个元素的组合数，只需用从 4 个元素中取 3 个元素的排列数除以 3 个元素的排列数，即 $C_4^3 = \dfrac{A_4^3}{A_3^3}$，对吗？

生：没错！

师：那么，从 n 个元素中取出 m 个元素的排列数，按照先取后排的方法，A_n^m 等于什么？

生 G：等于 $C_n^m \cdot A_m^m$！

师：非常好，也就是说，从 n 个元素中取出 个元素的排列数，等于先从 n 个元素中取出 m 个元素的组合数，即 C_n^m，然后再把这 m 个元素排成一列，即组合数 A_m^m，将 C_n^m 与 A_m^m 相乘，就是从 n 个元素中取出 m 个元素的排列数 A_n^m！

师：也就是说，$A_n^m = C_n^m \cdot A_n^m$，这样，我们要用组合数求出对应的组合数，该怎么办？

生：$C_n^m = \dfrac{A_n^m}{A_m^m}$！

师：非常好！这样，我们就验证了之前我们得到的猜想，我们的猜想是正确的！

师：下面，我们就按照这样的符号表达，继续进行运算。

……（得到组合数的公式，然后再通过实例，体验运用公式的过程。）

组合数的公式：$C_n^m = \dfrac{A_n^m}{A_m^m} = \dfrac{n(n-1)(n-2)\cdots(n-m+1)}{m!}$

$$或 C_n^m = \dfrac{n!}{m!(n-m)} \ (n, m \in N, 且 m \leqslant n)$$

规定：$C_n^0 = 1$。

评析：通过公式的推导，让学生经历通过归纳得到一般性的规律，再用演绎推理进行验证的过程。让学生在体验逻辑推理的过程中理解知识，提高能力。让学生在体验知识生成的过程中探索解决问题的方法，发展思维，形成素养。

（二）正切函数的性质与图象

【定义与命题的表达】

师：前面我们已经系统地学习了正弦函数和余弦函数的性质和图象，

较为熟练地掌握了先画图象，后研究性质的探究模式。但是，对函数的认识方法并不仅仅有由形到数这样一种模式，今天，我们将采用由数到形的研究路径，来学习正切函数的性质和图象。

师：首先，我们一起回忆有关正切的几个概念，任意角的正切的定义是什么（在几何画板中作图演示）？

师：在平面直角坐标系中，我们把角的顶点与坐标原点重合，让角的始边与 x 轴的非负半轴重合，那角的终边与单位圆的交点是 P，横纵坐标分为 x 和 y，那大家还记得 $\tan a$ 等于什么吗？

生：$\tan a = \dfrac{y}{x}$。

师：好的，我们继续回忆它的几何表示——正切线，大家还记得正切线的作图过程吗？

生：过点 $A(1,0)$ 作单位圆的切线，然后找到切线与终边的交点 T，有向线段 AT 就是正切线。

师：那当角的终边位于第二象限或第三象限时，怎么作正切线？

生：反向延长。

师：好的，这样我们就得到任意角的正切线的作法，这是基本的知识储备，根据正切的定义，如果我们把弧度制下，每个角的值看作自变量，是否都有唯一确定的正切值与之对应？

生：是。

师：大家注意，正切的定义中分母不为零，也就是 x 不为零，那么角终边的位置就会怎么样？

生：不能位于 y 轴。

师：好的，用代数式子描述一下，就是？

生：$a \neq \dfrac{\pi}{2} + k\pi\ (k \in Z)$

师：对，下面我们把刚才的话再一次进行描述，对于任意的 x，只要 $x \neq \dfrac{\pi}{2} + k\pi (k \in Z)$，都有唯一确定的正切值 $\tan x$ 与之对应。

师：这样的话，我们就建立了一个新的三角函数，正切函数。

定义：函数 $f(x) = \tan x$ 叫作正切函数。定义域为 $\{x \in R \mid x \neq \dfrac{\pi}{2} + k\pi$

$(k \in Z)\}$。

评析：复习正切的相关概念和知识，引入正切函数，让学生明白正在进行研究的数学对象是什么，在这个基础上进一步探索研究对象的性质。

【推理的一般形式】（推理是从一个命题判断到另一个命题判断的思维过程，对于数学命题的判断必须基于三个基本前提：同一律和矛盾律、排中律。推理的一般形式是潜移默化地贯穿命题的提出和验证的全部过程的。）

师：下面从这个解析式出发，大家思考，仿照之前我们研究正弦函数与余弦函数性质的思路，正切函数具备哪些性质呢？

师：（打开几何画板演示）

生：……

……

评析：理解推理是解决问题的途径，规律的发现过程具有动态性，经过演示，使学生经历和体验探索规律与性质的过程，一步步地得到命题和验证命题。

【归纳推理的思维过程】

生A：正切函数在定义域内是单调递增的。

师：能说明一下理由吗（几何画板演示）？

生B：在每一个小段里面，随着x的增大，函数值$f(x)$也在增大。

师：你能刻画一下这个每一段是什么意思吗？

生C：其实我觉得我们应该先研究周期性，再研究单调性，不然没法刻画。

师：非常好，你发现了一个我们在正弦函数和余弦函数中学习过的，非常重要的一个性质，就是周期性。

师：这个推理过程是这样的，我们先研究在一个周期内的情况，然后再得到整个的情况。所以你觉得周期是什么？

生C：我觉得周期是π。

师：不是之前学过的2π吗？你能说一下理由吗？

生C：从解析式里面可以看到，$\tan(x+\pi)=\tan x$，所以$f(x+\pi)=f(x)$。

师：非常好，所以我们就得到正切函数的周期为π。

师：下面我们还借助这样的思维模式，先弄清在一个周期内的性质，再看整体的性质。所以，我们先研究哪个周期？

生 D：可以研究 $\left[0, \dfrac{\pi}{2}\right)$ 和 $\left(\dfrac{\pi}{2}, \pi\right]$ 这两个周期。

师：还有其他想法吗？

……

生 E：也可以是 $\left(-\dfrac{\pi}{2}, \dfrac{\pi}{2}\right)$。

……

（逐步地研究正切函数的周期性、单调性、奇偶性和值域，并且画出图象）

评析：在错综复杂的情势中，可以先从一个比较容易研究的区间入手，从个别性质推知一般规律，逐步地得到整体性质。让学生亲身体验推理过程，在过程中理解知识。

【演绎推理的思维过程】

师：你们有没有这样的直观感觉，就是函数值增长的快慢不均匀？

生：好像是由慢到快的……

师：一定是由慢到快吗？有没有发现，我们没办法通过正切线直观地感受这个事情，下面我们动手，借助我们研究得到的这些性质，画出一个周期内正切函数的图象。

……

（几何画板演示）

师：刚刚我们是由数到形地研究了正切函数的性质，下面我们由形到数，看看还能不能直观地发现正切函数图象的性质。

……

（发现正切函数的渐近线和对称中心）

师：刚刚我们直观地研究了函数的性质，但是这些结论还需要严密的数学论证，在接下来的学习当中，我们会逐渐地接触到。

……

评析：通过学习掌握了正切函数的性质和定义，在研究方法和研究思路上都有突破，由局部的性质拓展到整体图象的性质，先从代数的抽象性质入手，拓展到几何直观，通过数形结合，进一步地挖掘函数性质和规律。

三、在日常课堂中培养逻辑推理素养的教学建议

高中生逻辑推理素养的现状可以作为培养学生的教学依据。在逻辑推理素养的框架下，表现形式为高中生逻辑推理素养提供了测评的分类依据，而构成要素为逻辑推理素养在每一维度的具体表现提供了内容依据。水平划分上，根据《标准（2017 年版）》的要求以及高中生逻辑推理素养现状，教学重点应放在水平 2 和水平 3 的培养上，并注意这两个水平之间的衔接。两个水平间的衔接实质上是直觉思维与逻辑思维之间的辩证统一，进而才能形成创造思维。根据测试及访谈，研究发现发展学生逻辑推理素养应注意以下三个方面：一是内部因素，即在教学理念上，应注重直观与逻辑的辩证统一原则；二是内部因素与外部因素的衔接，即在教学设计上，应结合具体的教学内容，提出合适的情境与问题；三是外部因素，即在教学过程中，应促进师生、生生之间的合作与交流，发展学生的逻辑推理素养。

（一）注重直观与逻辑的辩证统一原则

培养水平 2、水平 3 及两个水平的衔接，关键在于弥合逻辑与直觉的分裂，使学生具备良好的感性思维基础，帮助学生逐渐建立知性思维和理性思维。调查发现，学生擅长在前提和结论都确定的情况下，依据已掌握的论证模式对命题进行验证；不擅长发现问题，提出命题。学生们更容易发现和比较类之间的差异，但却不善于认识不同元素间的共性，进而发现并确定一个集合。简而言之，学生善于找不同，但不善于找共性。但是，发现一些共性、找到一个集合，进而定义一个集合，是实现感性到理性的飞跃，亦即感性材料上升到概念和理论的飞跃，这是直观想象和逻辑推理协同作用的过程，因此直觉和逻辑的分裂是制约学生逻辑推理发展的最直接因素。

逻辑与直觉之所以被认为是分裂的，是因为人们自觉或不自觉地把逻辑当成了判定理论的标准，而把直觉当成了判定非理性的标准。理性思维与非理性思维对立的原因，实际上可以追溯至唯理论与经验论之间，相当长久的较量。唯理论将数学作为"绝对真理"，强调数学的绝对严谨性；经验论强调数学的发现性和探索性，强调用于科学发现的合情推理。尽管也有学者在这两种争论之间保持中立，承认数学的严谨性的同时也承认数学的探索性，但不能否认的是，如果要立足《标准（2017 年版）》阐明归纳、

类比的逻辑性，发展学生的逻辑推理素养，那么首先需要弥合唯理与经验的分裂，消除理性与非理性的对立，把直观想象和逻辑推理辩证统一起来。

关于逻辑与直觉关系的解释，可以大致区分为三种：①逻辑与直觉是完全割裂的，直觉活动是非逻辑的，逻辑活动是非直觉的，两者完全对立；②逻辑与直觉是相互补充的，直觉虽然是非逻辑的，但在从发现个别关系和规律到发现并表达一个集合的思维过程中，两者是互为前提和条件的连带关系深了，这种观点虽然比第一种观念前进了一步，承认了直觉活动和逻辑活动的联系，但这种联系还是在二者分离的基础之上建立起来的；③直觉活动和逻辑活动不是截然不相容的两个事物，而是处于统一和渗透的关系当中，直觉并不是非逻辑，而是一种简略的逻辑。

这三种观点虽然都有其自身的道理，但也都存在需要商榷之处。第一种和第三种观点都认为直觉和逻辑的关系是非此即彼的，二者的共通和差异都被截然分离开了；第二种观点虽然强调了直觉与逻辑的联系，但仍是外在的联系，本质上还是基于二者的割裂。实际上，人是不可能在直觉活动和逻辑活动的分裂中进行思维的，直觉活动和逻辑活动是人的思维发展的两个环节，必须从发展的观点来理解直觉活动和逻辑活动的辩证统一关系。在现实的思维过程中，也就是发现问题和提出命题、探索和表述论证过程以及有逻辑的表达和交流的过程中，既不存在非逻辑的单纯的直觉，也不存在非直觉的纯线性的逻辑活动，从命题的提出到命题的验证，总是在直觉活动和逻辑活动的渗透关系中实现的。

发展学生的逻辑推理素养，要注重直观与逻辑的辩证统一原则。直觉发展自身成为逻辑活动，是思维的固有要求，直觉在最初层次上是意象思维，但需要从感性直观上升到理性直观之后，才能够升华为概念及概念间关系的符号系统，这个升华的过程就是通过直觉发展出来的逻辑活动来完成的。对高中生的测试结果显示：①虽然绝大多数高中生能把现实事物抽象为数学的研究对象，但只有60%左右的学生能分析数学研究对象的性质，而能够弄清研究对象本质、给出准确数学定义的学生是极少的，还不到10%。②80%左右的高中生都能明确性质命题和关系命题的述说，并给出正确的判断，但能够有条理地证明该判断的高中生则少得多，还不到20%。③调查发现，对于那些运用完全归纳法的问题，绝大多数高中生考虑得不全面；

部分高中生不能很好地运用反证法证明问题，参加测试的高一学生绝大多数都不会提出假设；另外，绝大多数高中生不知道数学归纳法的证明原理，不能修正错误运用数学归纳法的论证过程；调查还发现，学生更善于发现图形规律，不善于发现那些脱离了具体形象支持的规律。

通过上述调查结果可以发现，当学生不知道如何验证数学命题时，通常采取举例子的方法来说明，这样就产生了直觉的意象；如果学生的思维再进一步，注意到了这个意象中包含着的抽象关系，并用符号表达这个关系，就会形成概念，这样就发现并表述了一个集合，也就是给这个集合以形式化的定义，这就是直觉向逻辑的转化过程。逻辑与直观的辩证统一关系是影响学生思维的重要内部因素，因此注重逻辑与直觉的辩证统一原则是发展学生逻辑推理素养的起点和关键。

（二）把握教学内容的情境与问题

建构主义理论认为，不合适的学习内容与情境会制约素养的形成与发展。逻辑推理素养的形成是长期、渐进的过程，需要依托具体的内容循序渐进地发展，且高二年级是青少年思维发展的成熟期，因此教师在教学设计上要选择合适的教学内容，把握好学生的思维发展规律，引导学生形成和发展逻辑推理素养。研究表明，高中生逻辑推理素养的总体特征呈现出随年级升高而增强的特点，高二和高三年级无显著性差异，教师应根据高中生思维发展的年龄特征和具体的数学学科特点，有计划、分层次地发展学生的逻辑推理素养，以促进经验阶段思维到综合阶段思维的成长。

数学学科具备高度的抽象性、逻辑的严谨性和广泛应用性的特点，数学教学的设计可以考虑改变传统的设计思路，不是只对每一节课或每一个知识点进行设计，而是把一些具有逻辑联系的知识点放在一起进行整体设计。碎片化的数学内容无法把数学的本质表述清楚，更无法体现逻辑推理素养。可以把这样的整体称为单元或者主题，让这些内容前后照应，进行教学设计，就可以在关注知识技能的同时，思考知识技能所蕴含的数学本质、体现的数学思想，最终实现学生形成和发展逻辑推理素养的目标。

基于逻辑推理素养的教学，要特别重视情境的创设和问题的提出。核心素养是在特定情境中表现出来的知识、能力和态度，只有通过合适的情境才有利于学生感悟和形成。设计情境和提出问题的目的是启发学生思考，设计情境和提出问题的根基是数学内容的本质。情境与问题是多样的、多层次的。情境可以包括现实情境、数学情境和科学情境；每种情境可以分为熟悉的情境、关联的情境和综合的情境。问题是指情境中的问题，从学生认识的角度可以分为简单的问题、较为复杂的问题和复杂的问题；从学生思维的角度可以分为模仿的问题、联系的问题和创造的问题。情境与问题是联系在一起的，一个情境是否合适并不仅仅取决于情境本身，还在于所提出的问题是否能够揭示数学的本质。

（三）促进教学过程中的合作与交流

研究表明，缺少合作交流的教学方式会制约学生的思维发展，因此要发展学生的逻辑推理素养，就需要教师在教学过程中促进师生、生生之间的合作与交流，让素养在学生亲身经历的思维过程中形成和发展。在实际课堂教学中，过去侧重培养演绎推理，但为了更好地发展学生的创新能力，必须重视培养归纳推理。有效发展学生逻辑推理素养的教学过程，需要让学生同时经历和体验演绎与归纳相结合的思维过程。

为探明怎样的教学过程有利于发展学生的素养，研究以高中数学内容中的主要函数为抓手，采取定性与定量相结合的方式，通过纸笔测试、学生访谈和教师访谈，分析高中生对函数的认识与态度，并在教师的协助下，分小组开设利用函数建模的实践课——《标准（2017 年版）》附录部分中的"案例 7——停车距离模型"。希望学生在活动中，经历从现实问题中确定变量、探寻关系、建立模型、计算系数及分析结论的全过程。

从对"高中生对函数的认识与态度"的纸笔测试和访谈可以发现，高中学生普遍能够较好地把握与函数概念有关的知识技能，但是，这些学生在对于函数本质的理解以及应用函数解决实际问题等方面还存在很大的问题。究其原因，主要是在教学过程中，教师主要关注学生知识的记忆和技能的熟练，因而导致许多学生的学习是被动的而不是主动的。事实上，学生提高掌握知识、获得终身受益的能力必须通过主动学习而不是被动学习。

主动学习取决于学生对函数、对数学的情感态度和价值观，后者是三维目标所要求的，也是实施新《标准（2017 年版）》所要求的，学生访谈的结果已经非常充分地说明了这一点。那些对数学没有兴趣、对学习好数学缺乏信心的同学，在教学活动中主要是听教师讲授，但不能积极思考；而那些对数学有兴趣、学习成绩较好的同学，在教学活动中都能够积极主动地思考问题。因此，教师在教学的活动中，必须关注学生学习函数、学习数学的态度，这不仅是教学的出发点，也是教学的落脚点。

访谈结果表明，教师的积极引导对于学生形成良好的学习态度非常重要，除了适当地讲述数学史和数学文化以外，创设合适的教学情境、提出合适的数学问题是引发学生思考的有效方法。与思维能力的培养一样，良好学习态度的形成依赖的也是学生自己的感悟，是在学生的学习过程中逐渐形成的，不能单纯依赖教师的讲述。比如，利用函数建立刹车模型的实践课就取得了很好的教学效果，这个很好的教学效果不仅表现于学生对于知识技能的掌握，更重要的是提高了学生学习数学的兴趣，增强了学生学习好数学的信心。

实践课的效果表明大部分高中生具有学习好函数、学习好数学的潜质，并且具有良好的情感态度价值观方面的潜质，但需要在良好的合作与交流过程中，通过亲身经历的思维活动激发学好数学的潜质。有效激发学生学好数学的潜质，需要充分调动学生的积极性和主动性。为此，高中数学教师需要引发学生思考，引导学生清楚概念或者方法产生的必要性及其对知识发展的作用，让学生在思考的过程中"感悟"研究问题的本质，"理解"命题之间的逻辑关系，在"感悟"和"理解"的基础上学会思考，最终形成和发展数学的逻辑推理素养。

结　语

2018 年，国家颁布了《普通高中数学课程标准（2017 年版）》（下称《标准》），强调培养学生包括逻辑推理素养在内的六个数学核心素养，希望通过基础教育阶段的数学教学，在引导学生掌握知识与技能的同时，感悟数学知识中蕴含的数学思想，积累数学基本活动经验，形成和发展学生的数学核心素养。本书高中数学课程中的逻辑推理及其教学策略包括理论与实践两个方面，研究得到的主要结论如下。

第一，划分高中生逻辑推理素养的维度与层次水平。本研究将逻辑推理划分为演绎推理、归纳推理和类比推理三个维度；在理论基础和实证调查的基础上，将每一个维度都划分为经验阶段、分析阶段、综合阶段三个层次水平。

第二，确立逻辑推理关键要素。根据《标准》对逻辑推理的具体要求及主要表现的表述，以及概念、命题、推理之间的关系，将逻辑推理分为四个关键要素：定义与命题的表达、推理的一般形式、归纳推理的思维过程，以及演绎推理的思维过程。

第三，了解高中生逻辑推理素养的状况。通过设计试卷对四所学校共计 805 位高中生的逻辑推理素养进行测试，发现：①从测试成绩上看，高中生逻辑推理素养水平整体不理想；②高中生逻辑推理水平随年级逐步增强；③高一年级与高二年级、高一年级与高三年级学生间的水平有显著性差异，高二年级与高三年级学生间的水平无显著性差异；④高中所有年级学生的逻辑推理素养都能达到水平一；近三分之二左右的学生能达到水平二；但极少学生能达到水平三。

第四，从逻辑推理的角度对教材进行了梳理。根据《标准》划定的必修课程和选择性必修课程内容，选择2004年通过的现行人教A版数学教材进行梳理。通过对"函数""几何与代数""概率与统计"三条主线中涉及的定义、定理、习题的梳理，发现有20.4%的定义用归纳方式提出，10.7%的定义用类比方式提出，其余68.9%的定义都是用演绎方式提出的；定义和习题中，通过情境引入问题的比例相当少，科学情境所占的比例极低，并且有些情境的创设稍显牵强。为更好地体现培养学生逻辑推理素养的教育目标，教材的知识呈现方式应更丰富多样，更具探索性和时代性。

第五，对教学策略提出建议。以高中数学内容中的主要函数为抓手，采取定性与定量相结合的方式，通过纸笔测试、学生访谈和教师访谈，分析高中生对函数的认识与态度，并在教师的协助下，分小组开设利用函数建模的实践课。通过调查研究获得的结论及开设函数建模实践课的效果，提出问题驱动下的逻辑推理素养教学模式。

通过测试结果、访谈记录、实践课的过程和反思，发现学生对数学的态度、情感与价值观是非常重要的。高中生必须主动学习，才能学好数学，才能形成数学素养。为此，高中数学教师需要"创设合适的教学情境，提出合适的数学问题"，引发学生思考，引导学生清楚概念或者方法产生的必要性及其对数学发展的作用，让学生在思考的过程中"感悟"数学所要研究问题的本质，"理解"命题之间的逻辑关系，在"感悟"和"理解"的基础上学会思考，最终形成和发展数学的逻辑推理素养，这是基于数学核心素养的教学设计所必须思考的重点。

《标准（2017年版）》将《义务标准》中的合情推理修订为逻辑推理，明确提出了归纳推理与演绎推理都是有逻辑的推理，是希望通过高中阶段的学习，使学生会用数学的眼光观察世界，会用数学的思维思考世界，会用数学的语言表达世界。但是，高考是高中教师和学生面临的最重要的考验，核心素养落地的一个关键问题就是如何评价。教师希望通过学生的分数来证明自己，学生希望通过好的成绩步入理想的大学，所以师生都会采取最有效的办法来达到理想的成绩。教师希望把所有题都练到，让学生在考试中一看就会，一做就对，希望孩子能熟能生巧。所以评价方法决定教师的教学方法，但是核心素养主要表现在思维与行为的过程中，因此高考的题型如果只涉及知识与技能的题对培养学生核心素养的培养不利。特别能够锻炼学生思维的题是开放性试题，这种题可以区分为结果不确定的题和条件不足的题两种。但是，这样的题目又很难判卷。所以，为了配合培养学生核心素养的教育目标，高考题型也需要改革，但是这种改革是极为不易的，需要时间以及完善的改革策略，还需要政策的支持，尚需进一步探讨。另外，由于笔者的能力和水平有限，无法将高中生逻辑推理水平放在一个长时段中，进行历史性的调查和评价，希望下一步能进行相关研究。

参考文献

中文部分：

专著：

[1] 爱因斯坦 . 爱因斯坦文集第 1 卷 [M]. 许良英，范岱年编译 . 北京：商务印书馆，1976：574.

[2][苏]A.B. 彼得罗夫斯基主编 . 年龄与教育心理学 [M]. 北京师范大学译稿 .1980(内部发行).

[3] 北京市社会科学联合会，北京市逻辑学会 . 逻辑学百年 [M]. 北京：北京出版社，1999：1-2，246-247.

[4] 波利亚著 . 数学与猜想 (第一卷)[M]. 李心灿等译 . 北京：科学出版社 .2001.

[5][美]G. 波利亚 . 数学与猜想 (第二卷：合情推理模式)[M]. 李心灿，王日爽，李志尧译 . 北京：科学出版社，1984：177.

[6] 陈波 . 逻辑学十五讲 [M]. 北京：北京大学出版社，2008：1，28.

[7] 辞海编辑委员会 . 辞海哲学分册 [M]. 上海：上海辞书出版社，1980：440.

[8] 戴桂蓉 . 现代汉语辞海 [M]. 北京：北京广播学院音像教材出版社，2002：1，24.

[9][清] 戴震 . 戴震文集 [M]. 赵玉新点校 . 北京：中华书局，1980：

141.

[10] 邓生庆. 归纳逻辑百年历程 [M]. 北京：中央编译出版社，2005：2，11，13，15-23，25-31，39，41-45，66-67，86-87，9，10，240-255，2-39，41-45，66-87，240-255.

[11]A.D. 亚历山大洛夫. 数学——它的内容、方法和意义. 第一卷 [M]. 孙小礼译. 北京：科学出版社，1958.

[12] 恩格斯. 自然辩证法 [M]. 于光远等译. 北京：人民出版社，1984.

[13] 傅海伦. 数学：科学与文化的殿堂 [M]. 西安：陕西科学技术出版社，2004：104.

[14] 傅海伦. 数学教育发展概论 [M]. 北京：科学出版社，2001：74.

[15][荷兰] 弗赖登塔尔. 数学教育再探——在中国的讲学 [M]. 刘意竹、杨刚等译. 上海：上海教育出版社，1999：2.

[16][荷兰] 弗赖登塔尔. 作为教育任务的数学 [M]. 陈昌平，唐瑞芬等编译. 上海：上海教育出版社，1995：2-3.

[17] 弗兰克·梯利. 哲学的历史 (下)[M]. 陈正谟译. 北京：新世界出版社，2017：261，411.

[18] 顾泠沅，邵光华. 作为教育任务的数学思想与方法 [M]. 上海：上海教育出版社，2009：254；257；267；244.

[19] 顾明远. 教育大辞典 1[M]. 上海：上海教育出版社，1990：27.

[20] 顾明远. 教育大辞典 5[M]. 上海教育出版社，上海：1990：221；80.

[21] 顾明远. 教育大辞典 (增订合编本) [M]. 上海教育出版社，上海：1998：1145，1494.

[22][日] 广中平佑. 创造之门 [M]. 郭友中，高明芝译. 北京：中国华侨出版公司，1991：前言.

[23] 桂起权，任晓明，朱志芳. 机遇与冒险的逻辑 [M]. 东营：石油大学出版社，1996：13-14.

[24] 过伯祥. 猜想与合情推理 [M]. 郑州：大象出版社，1999：69-71.

[25] 何向东. 逻辑学教程 [M]. 北京：高等教育出版社，1999：15，16-26，165.

[26] 华东师范大学哲学系逻辑学教研室. 形式逻辑 [M]. 上海：华东师范大学出版社，2009：2-5，186，209-210.

[27] 黄友初. 数学素养的内涵、测评与发展研究 [M]. 北京：科学出版社，2016：绪论.

[28] 霍宪章. 人生修养是感悟（上）[M]. 河南：中州古籍出版社，2014：70.

[29] 江天骥. 逻辑经验主义的认识论、当代西方科学哲学、归纳逻辑导论 [M]. 武汉：武汉大学出版社，2012：466-467.

[30] 蒋志萍，王文贤. 数学思维方法 [M]. 杭州：浙江大学出版社，2011：75-157；76；9-95；107.

[31] 教育部基础教育课程教材专家工作委员会组织编写. 义务教育数学课程标准 (2011 年版) 解读 [M]. 北京：北京师范大学出版社，2012：2，5.

[32] 教育部基础教育课程教材专家工作委员会组织编写. 普通高中数学课程标准 (2017 年版) 解读 [M]. 北京：高等教育出版社，2018：I，89，177，178，179.

[33] 金岳霖. 形式逻辑 [M]. 北京：人民出版社，2005：41，224，19.

[34] 凯. 斯泰西，罗斯. 特纳主编. 数学素养的测评——走进 PISA 测试 [M]. 曹一鸣等译. 北京：教育科学出版社，2017：22-23，91-94.

[35] 康德. 纯粹理性批判 [M]. 邓晓芒译. 北京：人民出版社，2004：544.

[36] И.С. 科恩. 青年心理学 [M]. 史民德，何得霖，方琬译. 南宁：广西人民出版社，1983：60-61.

[37] 克莱因. 古今数学思想第 4 册 [M]. 北京大学数学系数学史翻译组译. 上海：上海科技出版社，1981：78.

[38] [苏] 克鲁捷茨基. 中小学生数学能力心理学 [M]. 李伯黍，洪宝林，艾国英，李绍煌，吴富元，孙名之等译校，上海：上海教育出版社，1983：85.

[39] 李士锜. PME：数学教育心理 [M]. 上海：华东师范大学出版社，2001：139-140.

[40] 李甦平. 中国思维座标之谜——传统人思维向现代人思维的转型

[M]. 北京：职工教育出版社，1989：6，11.

[41] 李文林. 数学史概论（第二版）[M]. 北京：高等教育出版社，2002：33.

[42] 李祖杨. 科学认识论简明教程 [M]. 天津：南开大学出版社，1992：135，119.

[43] 梁启超. 清代学术概论 [M]. 长沙：岳麓书社，2009：104.

[44][美] 罗·拷勒而（Lou Goble）. 哲学逻辑 [M]. 张清宇、陈慕泽等译. 北京：中国人民大学出版社，2008：411.

[45]《逻辑学》编写组. 逻辑学 [M]. 北京：高等教育出版社，2017：190-191.

[46] 刘凤璞. 逻辑学大全 [M]. 长春：吉林大学出版社，1991：755-762.

[47] 刘建平. 归纳合理性：在辩护与消解之间 [M]. 北京：人民出版社，2015：1，34.

[48] 刘培育. 中国古代哲学精华 [M]. 兰州：甘肃人民出版社，1992：355.

[49] 西汉. 刘向. 说苑·谈丛. 卷十六.

[50] 陆征麟. 归纳推理 [M]. 天津：河北人民出版社，1960：17-18.

[51] 逻辑学辞典编委会. 逻辑学辞典 [M]. 长春：吉林人民出版社，1983.689.

[52] 马克思，恩格斯. 马克思恩格斯选集（第三卷）[M]. 中共中央马克思恩格斯列宁斯大林著作编译局译. 北京：人民出版社，1972：462-467.

[53] 马忠林. 数学学习论 [M]. 南宁：广西教育出版社，1996：114.

[54][美] 迈克尔. 塞拉（Sarra.M.）. 发现几何：一种归纳的方法 [M]. 北京：人民教育出版社，2000：33.(本书的英文原著是由美国核心课程出版社出版的一本中学几何教科书)

[55] 欧文·M·柯匹，卡尔. 科恩. 逻辑学导论（第 11 版）[M]. 张建军，潘天群等译. 北京：中国人民大学出版社，2007.5-7.

[56] 欧晓霞. 心理学教程（第 2 版）[M]. 北京：清华大学出版社，2007：99.

[57][美] 帕特里克·赫尔利. 简明逻辑学导论（第 10 版）[M]. 陈波，宋

文淦，熊立文，谷振诣等译．北京：世界图书出版公司北京公司，2010：9.

[58] 彭聃龄．普通心理学 [M]．北京：北京师范大学出版社，2004：2，246，265.

[59][法] 彭加勒．科学与假设 [M]．叶蕴理译．北京：商务印书馆，1989：3.

[60][瑞士] 皮亚杰．发生认识论原理 [M]．北京：商务印书馆，1981：5.

[61] 钱佩玲．中学数学思想方法 [M]．北京：北京师范大学出版社，2010：55.

[62] 全美数学教师理事会．美国学校数学教育的原则和标准 [M]．蔡金法等译．北京：人民教育出版社，2004：53，238.

[63] 任晓明，陈晓平．决策、博弈与认知——归纳逻辑的理论与应用 [M]．北京：北京师范大学出版集团，2014：3.

[64] 任晓明，熊立文，黄闪闪，王东浩．归纳逻辑教程 [M]．天津：南开大学出版社，2012：92，3-4.

[65] 史宁中．教育与数学教育 [M]．长春：东北师范大学出版社，2006：3-5，17.

[66] 史宁中．数学基本思想 18 讲 [M]．北京：北京师范大学出版社，2016：前言；10-12，114-137，170-216.

[67] 史宁中．数学思想概论 (第 1 辑)[M]．长春：东北师范大学出版社，2008，前言．

[68] 史宁中．数学思想概论——数学中的演绎推理 [M]．长春：东北师范大学出版社，2009.1.

[69] 史宁中．数学思想概论 (第 4 辑)[M]．长春：东北师范大学出版社，2010：绪论，4，1，20，29，119，146，240，253.

[70] 史宁中．义务教育课程标准 (2011 年版) 教师学习指导：初中数学 [M/CD]．北京：北京泰学新心教育图书有限公司，2011：33.

[71] 施雁飞．科学解释学 [M]．长沙：湖南出版社，1991：48.

[72] 王路．逻辑的观念 [M]．北京：商务印书馆，2000：146；137，139-142，143-144.

[73] 王墨耘．当代推理心理学 [M]．北京：科学出版社，2013：1.

[74] 王仁法．创新创造的思维工具：类比逻辑 [M]．广州：暨南大学出

版社，2017：211-212，214，215.

[75] 王雨田．归纳逻辑导引 [M].上海：上海人民出版社，1992：75-76，102，1-2，2.

[76] 王子彬，周根会．干部哲学词典 [M].天津：天津人民出版社，1991：111.

[77] 威尔·杜兰特．探索的思想 [M].朱安，武国强，周兴亚等译．北京：文化艺术出版社，1991：5，7.

[78] 吴明隆．问卷统计分析实务——SPSS 操作与应用 [M].重庆：重庆大学出版社，2010：354.

[79] 希尔伯特．几何基础（第二版）[M].江泽涵，朱鼎勋译．北京：科学出版社，1995：1.

[80] 夏甄陶．认识论引论 [M].北京：人民出版社，1986：309，296，298.

[81] 熊惠民．数学思想方法通论 [M].北京：科学出版社，2010：179-224，188，179，188-190，199.

[82] 徐树道．数学方法论 [M].桂林：广西师范大学出版社.2001：40

[83] 徐献卿，纪保存．数学方法论与数学教学 [M].北京：中国铁道出版社，2009：114-133.

[84] 杨世明，王雪琴．数学发现的艺术——数学探索中的合情推理 [M].青岛：中国海洋大学出版社，1998：624.

[85] 杨武金．逻辑学基础 [M].北京：科学出版社.2008：3.

[86] 伊曼纽尔·康德．宇宙发展史概论 [M].上海：上海人民出版社，1972：147.

[87] 张朝，林丰勋．心理学导论 [M].北京：清华大学出版社，2008：218-219，220.

[88] 张奠宙，宋乃庆．数学教育概论 [M].北京：高等教育出版社，2009：22，64.

[89] 张景中，任宏硕．漫话数学 [M].北京：中国少年儿童出版社，2003：112.

[90] 张乃达．数学思维教育学 [M].南京：江苏教育出版社，1990：43，

44-46.

[91] 郑毓信.数学方法论入门 [M].杭州：浙江教育出版社，2006：28，40.

[92] 中国社会科学院语言研究所词典编辑室.现代汉语词典 [M].北京：商务印书馆，2002：473.

[93] 中国社会科学院语言研究所词典编辑室.现代汉语词典 (2002 年增补本)[M].北京：商务印书馆，2004：1625.

[94] 周新林.教育神经科学视野中的数学教育创新 [M].北京：教育科学出版社，2016：313.

[95] 朱智贤，林崇德.思维发展心理学 [M].北京：北京师范大学出版社，2002：472-497.

期刊：

[1] 陈安涛.归纳推理合理性的心理学分析与回答 [J].自然辩证法通讯，2008，176(4)：32.

[2] 陈安涛，李红.归纳推理心理效应的研究 [J].心理科学进展，2003，11(6)：607-615.

[3] 陈安涛，李红，冯廷勇，高雪梅，张仲明，杨东.分段设计条件下归纳推理的多样性效应 [J].中国科学 C 辑，2005，35(3)：275-283.

[4] 陈刚.归纳法的启发式教育 [J].上海教育科研，2001(1)：50-53.

[5] 陈为华 等.谈数学家杨辉的数学教育理论 [J].科技信息，2013(25)：301.

[6] 陈艳敏，孟万金.对研究生逻辑推理能力现状的调查研究 [J].北京航空航天大学学报 (社会科学版)，2000 (9)：55-57.

[7] 丛孟晗，苏彦捷.社会性推理情境对儿童条件句推理的影响及作用机制 [P].第二十届全国心理学学术会议——心理学与国民心理健康摘要集，2017.

[8] 戴海琦,刘润香.中学生图形推理认知特征诊断 [J].心理与行为研究，2010(1)：7-11.

[9] 丁邦平.中美科学教育比较 [J].教师博览，2001(3)：46-47.

[10] 冯秀梅，包雷，余子侠. 中美大学生科学推理能力的性别差异探讨 [J]. 高等教育研究，2013(7)：70-74.

[11] 高淑青，张连成. 身体锻炼对类比推理能力老化的延缓作用：来自 ERP 的证据 [J]. 天津体育学院学报，2016(3)：222-226.

[12] 郭莲荣，苏畅. 如何培养演绎推理能力 [J]. 鞍山师范学院学报，2006(4)：95-97.

[13] 哈尔莫斯. 数学的心脏 [J]. 数学通报，1982(4)：3-5.

[14] 郝一江，刘佶鹏. 逻辑教育与我国创新人才培养的问题及对策研究 [J]. 贵州工程应用技术学院学报，2018，36(05)：48-52.

[15] 何向东. 归纳逻辑与科学创新 [J]. 哲学研究，2004，(12)：75-80.

[16] 何向东. "归纳问题"的逻辑哲学研究述评 [J]. 哲学研究，2005(12)：79-83.

[17] 何向东，吕进. 归纳逻辑研究述评 [J]. 自然辩证法研究，2007，23(3)：31-34.

[18] 何璇. 小学数学核心素养要素与内涵研究——基于美英等五国数学课程目标比较 [J]. 数学教育学报，2019(5)：84-91.

[19] 姜伯驹. 关于初中数学课程标准的"基本理念" [J]. 数学通报，2005(8)：1-4.

[20] 蒋柯. 透过归纳问题阅读"解释阶梯"的认识建构功能 [J]. 自然辩证法研究，2011，27(5)：1-5.

[21] 李富洪，李红，陈安涛，冯廷勇，龙长权. 归纳推理的多样性效应及其机制探索 [J]. 心理科学进展，2006，14(3)：360-367.

[22] 李祥兆. 数学归纳推理的认知过程研究 [J]. 数学教育学报，2005，14(2)：68-70.

[23] 连四清，方运加. "合情推理"辨析 [J]. 课程·教材·教法，2012，32(5)：56.

[24] 林先发，司马志纯. 试论归纳与演绎的辩证关系 [J] 武汉大学学报(哲学社会科学版)，1980(4)：67-70.

[25] 林玉慈，史宁中. 高中生对函数的认识与态度 [J]. 东北师大学报(哲学社会科学版)，2018(3)：187-192.

[26] 林正苑，丁俊.创造性想象和推理的脑电特征及其在教育中的应用 [J]. 教育研究，2003(12)：24-30.

[27] 刘邦凡，何向东.面向不足与复杂认知的当代归纳逻辑研究 [J]. 哲学动态，2012(1)：91-96.

[28] 刘承德.高中语文教学中的逻辑思维培养 [J].语文教学通讯 D 刊 (学术刊).2019(06)：55-57.

[29] 刘张华，于雅晴.中学生逻辑素养培育探究 [J].中学政治教学参考，2019(12)：81-82.

[30] 刘喆，高凌飚.西方数学教育中数学素养概念之辨析 [J].中国教育学刊，2011(7)：40-51.

[31] 刘志雅，莫雷胡，宋晓红，黄艳利.归纳推理中相似性和类别标签的作用 [J].心理科学，2011，34(5)：1026-1032.

[32] 龙长权，吴睿明，李红，陈安涛，冯廷勇，李富洪.对以类别为基础的归纳推理的几种理论模型的评价 [J].心理科学进展，2005，13(5)：596-605.

[33] 宁连华.数学推理的本质和功能及其能力培养 [J].数学教育学报，2003(12)：42-45.

[34] 彭香.思维环境的创设与归纳推理能力的培养 [J].课程·教材·教法，1998(4)：31-33.

[35] 濮安山，史宁中.从 APOS 理论看高中生对函数概念的理解 [J].数学教育学报，2007(5)：48-50.

[36] 钱学森.钱学森最后一次系统谈话：大学要有创新精神 [J].教书育人，2010(1)：76-77.

[37] 邱江，吴玉亭，张庆林.命题内容对青少年条件推理的影响 [J].心理发展与教育，2005(3)：17-21.

[38] 任晓明，张玫瑰.美国归纳逻辑与人工智能研究概况 [J].科学技术与辩证方法，2007，24(1)：32-36.

[39] 史宁中.高中数学课程标准修订中的关键问题 [J].数学教育学报，2018，27(1)：8-10.

[40] 史宁中.关于数学的反思 [J].东北师大学报 (哲学社会科学版)，

1997(2)：31-39.

[41] 史宁中.试论数学推理过程的逻辑性——兼论什么是有逻辑的推理[J].数学教育学报，2016(4)：1-16.

[42] 史宁中.中国古代哲学中的命题、定义和推理（上）[J].哲学研究，2009(3)：42-50.

[43] 史宁中，孔凡哲."数学教师的素养"对话录 [J].人民教育，2008(21)：43-49.

[44] 史宁中，孔凡哲，秦德生，杨树春.中小学统计及其课程教学设计——数学教育热点问题系列访谈之二 [J].课程·教材·教法，2005，25(6)：45-50.

[45] 史宁中，孔凡哲，严家丽，崔英梅.十国高中数学教材的若干比较研究及启示 [J].外国教育研究，2015(10)：106-116.

[46] 史宁中，林玉慈，陶剑，郭民.关于高中数学教育中的数学核心素养——史宁中教授访谈之七 [J].课程·教材·教法，2017(4)：8-14.

[47] 史宁中，柳海民.素质教育的根本目的与实施路径 [J].教育研究，2007(8)：10-14，57.

[48] 王光明，张晓敏，王兆云.高中生高效率数学学习的智力特征研究[J].教育科学研究，2017(3)：48-55.

[49] 王航赞.溯因推理与最佳说明的推理 [J].哲学动态，2013，(5)：92-97.

[50] 王瑾.小学阶段数学归纳推理课程的实施研究 [J].教育科学，2010，26(3)：38-43.

[51] 王瑾，史宁中，史亮，孔凡哲.中小学数学中的归纳推理：教育价值、教材设计与教学实施——数学教育热点问题系列访谈之六 [J].课程·教材·教法，2011(2)：58-63.

[52] 王立东，郭衍，孟梦.认知诊断理论在数学教育评价中的应用 [J].数学教育学报，2016，25(6)：15-19.

[53] 王庆英.中国逻辑的出路 [J].自然辩证法研究，2000，6(16)：129-132.

[54] 王申怀.论证推理与合情推理——美国芝加哥中学数学设计

(UCSMP) 教材介绍 [J]. 数学通报，1996(6)：25-27.

[55] 王婷婷，莫雷. 因果模型在类比推理中的作用 [J]. 心理学报，2010，42(8)：834-844.

[56] 王娅婷，毛秀珍. 数学素养的测量及评价 [J]. 数学教育学报，2017，26(3)：73-77.

[57] 王烨晖，张岳，杨涛，王立东，梁贯成，鲍建生. 义务教育数学相关因素监测工具研发的探索与思考 [J]. 数学教育学报，2018，27(5)：8-12.

[58] 王有智. 不同民族中学生人格特征与推理能力、学业成就的关系研究 [J]. 青年研究，2002(10)：19-26.

[59] 魏昕，郭玉英，徐燕. 中小学生科学推理能力发展现状研究——以北京市中小学生为样本 [J]. 北京师范大学学报 (自然科学版)，2011(5)：461-464.

[60] 吴宏. 推理能力表现：要素、水平与评价指标 [J]. 教育研究与实验，2014(1)：47-51.

[61] 吴家国，王庆英. 大中学生逻辑思维能力调查报告兼论逻辑教育中的问题及其改革 [J]. 逻辑今探——中国逻辑学会第五次代表大会暨学术讨论会论文集，1996.

[62] 武锡环，李祥兆. 中学生数学归纳推理的发展研究 [J]. 数学教育学报，2004，13(3)：88-90.

[63] 邢强，车敬上. 基于概率的归纳推理模型 [J]. 心理学探新，2012，32(6)：508-513.

[64] 熊立文. 归纳逻辑在现代的发展 [J]. 哲学研究，2008(2)：117-122.

[65] 熊立文. 归纳认知过程中的价值因素 [J]. 现代哲学，2007(2)：123-128.

[66] 熊立文. 休谟问题探析 [J]. 北京师范大学学报，2014，245(5)：99-105.

[67] 徐斌艳. 数学推理活动在数学教育中的意义 [J]. 全球教育展望，2001(3)：39-43.

[68] 许锦云. 以素质教育为导向深化逻辑教学改革 [J]. 宜春学院学报 .2011，33(05)：130-132.

[69] 于川，朱小岩等.高中生数学学科核心素养水平调查及分析 [J].数学教育学报，2018，27(2)：59-64.

[70] 曾国光.中学生函数概念认知发展研究 [J].数学教育学报，2002(5)：99-102.

[71] 张潮.中小学生的逻辑推理能力与学业成绩的比较研究 [J].教育研究与实验，2008(6)：64-67.

[72] 张涤，张海燕.不同阶段学生图形推理能力的研究现状 [J].东北师大学报 (哲学社会科学版)，2013 (2)：232-234.

[73] 张奠宙.清末考据学派与中国数学 [J].科学，2002(2)：43-46.

[74] 张奇，张黎.SSI 课程与学生非形式推理能力的培养 [J].华东师范大学学报 (教育科学版)，2007(2)：59-64，86.

[75] 张向葵，暴占光，关文信.图式教学对阅读理解能力、推理能力与自我效能感的影响 [J].心理发展与教育，2000(2)：22-27.

[76] 张向葵，徐国庆.有关类比推理过程中的图式归纳研究综述 [J].心理科学，2003，26(5)：866-869.

[77] 郑明璐，伍新春，李虹，程亚华.协作推理讨论——培养"集体智慧"的课堂教学模式 [J].教育学报，2014(2)：58-64，84.

[78] 钟罗金，陈琳，刘志雅，汝涛涛，莫雷.儿童归纳推理多样性效应实验范式述评 [J].心理学探新，2013，33(4)：315-321.

[79] 周山.《周易》与类比推理 [J].周易研究，2007(6)：57-61.

论文：

[1] 陈诚.类比推理在高中数学教学实践中的应用研究 [D]：［硕士学位论文］.西安：陕西师范大学，2012.

[2] 段赛花.数学新课程中"合情推理"教学的初步探究 [D]：［硕士学位论文］.苏州：苏州大学，2008.

[3] 方勤华.高中数学教师数学专业素养研究 [D].西北师范大学，2009，12.

[4] 于秋影.我国高中数学培养学生数学归纳思维的课堂教学典型案例研究 [D]：［硕士学位论文］.长春：东北师范大学，2011.

[5] 郭玉峰.数学基本活动经验研究：理论与实践探讨 [D]：[博士学位论文].长春：东北师范大学，2012.

[6] 蒋柯.趋利避害——自然选择塑造的领域特殊性归纳逻辑 [D].上海：华东师范大学，2009，25-26.

[7] 李红娟.高中数学合情推理能力的调查 [D]：[硕士学位论文].石家庄：河北师范大学，2012.

[8] 李义民.数的本质：弗雷格与胡塞尔之争 [D]：[博士学位论文].上海：华东师范大学，2016.

[9] 刘鹏飞.义务教育数学课程学段划分研究 [D]：[博士学位论文].长春：东北师范大学，2015.

[10] 任凤.合情推理在高中数学教学中的渗透模式的研究 [D]：[硕士学位论文].长春：东北师范大学，2010.

[11] 史亮.高中归纳课程教学研究 [D]：[博士学位论文].长春：东北师范大学，2011.

[12] 涂朦.高中生数学类比推理能力的调查分析及培养 [D]：[硕士学位论文].武汉：华中师范大学，2012.

[13] 王宏.初中数学归纳推理实证研究 [D].长春：东北师范大学，2017.

[14] 王瑾.小学数学课程中归纳推理的理论与实践研究 [D]：[博士学位论文].长春：东北师范大学，2011.

[15] 王晓晴.初中生物学教学中学生理性思维培养策略的初步研究 [D]：[硕士学位论文].长沙：湖南师范大学，2019.

[16] 王艳丽.高中生"推理与证明"学习现状调查研究 [D]：[硕士学位论文].济南：山东师范大学，2014.

[17] 徐佰强.高中生合情推理能力的调查分析及培养 [D]：[硕士学位论文].上海：华东师范大学，2007.

[18] 闫莉丽.高中生数学合情推理能力的调查研究 [D]：[硕士学位论文].长春：东北师范大学，2012.

[19] 于明华.高中数学合情推理课程内容的研究 [D]：[硕士学位论文].长春：东北师范大学，2007.

其他：

[1] 中华人民共和国教育部.我国首份《中国义务教育质量监测报告》发布 [EB/OL].[2018-07-24] http：//www.moe.gov.cn/jyb_xwfb/gzdt_gzdt/s5987/201807/t20180724_343663.html.

[2] 中华人民共和国教育部.中共中央国务院关于深化教育改革全面推进素质教育的决定 [Z].1999-06-13.

[3] 中华人民共和国教育部.普通高中数学课程标准 (2017 年版)[S]. 北京：人民教育出版社，2018：4，116-119.

[4] 中华人民教育部.国家中长期教育改革和发展规划纲要 (2010-2020年)[EB/OL].(2010-07-29)[2019-01-15] http：//www.moe.edu.cn/srcsite/A01/s70 48/201007/t20100729_171904.html.

外文部分：

专著：

[1]Bemard J. Baars, Nicole M. Gage. 认知、脑与意识 [M]. 北京：科学出版社，2008：424-425.

[2]Henkel, M Academic Idenhhes and Policy Change in Higlier Education[M]. London: Jessica Kingsley Publishers, 2000.

[3]John Stuart Mill. A System of Logic: Ratiocinative and Inductive[M]. New York:Harper & Brothers,Publishers, 1882(8th Edition):223.

[4]Jordan Grafman, Vinod Goel. Neural basis of reasoning and thinking [M]. The Encyclopedia of Cognitive Science, 2002:875- 880.

[5]NCTM.Focus in High School Mathematics: Reasoning and Sense Making[M].Library of Congress Cataloging-in-Publication Data, 2009：5-7.

期刊：

[1]Abruscato, J. Teaching Children Science[J]. Needham Heights, M. A: Allyn and Bacon, 2000：37–52.

[2]Ana Susac, Andreja Bubic, Andrija Vrbanc, Maja Planinic. Development of Abstract Mathematical Reasoning: the Case of Algebra[J]. Frontiers in

Human Neuroscience, 2014, 8 (3):679.

[3]Camilla Persson, Benbow, David Lubinski, Daniel L. Shea ,Hossain Eftekhari Sanjani. Sex Differences in Mathematical Reasoning Ability at Age 13:Their Status 20 Years Later[J]. Psychological Science, 2000, 11(6):474-480.

[4]Cuttance, P, Harman, G, Macpherson, R.J.S., Prithchard, A.and Smart, D. The Politics of Accountability in Austral-ian Education[J]. Educational Policy, 1999,12(2):138-161.

[4]De Lange, Jan . No change without problem. In M. Stephens & J. Izard (Eds.), Reshaping assessment practices : Assessment in the mathematical sciences under challenge. Proceedings from the first national conference on assessment in the mathematical sciences (pp.46-76) [J]. Melbourne : ACER . 1992 .

[5]Goel Vinod, Gold Brian, Kapur Shitij, Houle Sylvain.The Seats of reason? An imaging Study of deductive and inductive reasoning [J]. NeuroReport, 1997, 8(5):1305- 1310.

[6]Hogan, K& Fisherkeller, J. Dialogue as data ; Assessing students' scientific reasoning with interactive protocols. In J. J. Mintzes, J.H. Wandersee.& JD.Novak (Eds.), Assessing science understanding; A human constructivist view (pp. 95-127). Burlington, MA: Elsevier Academic Press.

[7]Jean M. Mandler, Laraine McDonough. Studies in Inductive Inference in Infancy [J]. Cognitive Psychology, 1998, 37:60- 96.

[8]Johan Lithner. A research framework for creative and imitative reasoning [J]. Educ Stud Math, 2008, 67:255-276.

[9]K. J. Klauer. Teaching inductive reasoning: Some theory and three experimental studies [J]. Learning and instruction,1996,6(1):37-57.

[10]Kikumi Tatsuoka,Enis Dogan. An international comparison using a diagnostic testing model: Turkish students' profile of mathematical skills on TIMSS-R[J]. Educational Studies in Mathematics, 2008, 68(3).

[11]Lisa A Haverty, Kenneth R Koedinger, David Klahr, Martha W

Alibali. Solving inductive reasoning problems in mathematics: Not-so-trivial pursuit[J].Cognitive science,2000,24(2):249-298.

[12]Lynn Arthur Steen, St. Olaf College. Twenty Questions about Mathematical Reasoning[J]. Developing Mathematical Reasoning in Grades K-12.Reston, VA: National Council of Teachers of Mathematics, 1999:270-285.

[13]Muphy G & Medin D. The role of theories in conceptual coherence. Psychological Review[J]. 1985:92(3):289-316.

[14]Robiah Adawiyah,Khairunnisa,Abdul Muin. Mathematical Inductive-Creative Reasoning, A Theoretical Study [C]. Advances in Social Science, Education and Humanities Research (ASSEHR), volume 57: Ist International Conference of Mathematics and Science Education (ICMSEd 2016), Atlantis Press,2017:247-250.

[15]SERGEY V Blok, DOUGLAS L Medin, DANIEL N Osherson. Induction as conditional probability judgment[J]. Memory & Cognition, 2007, 35(6):1353-1364.

[16]Tümkaya S, Aybek B & Alda H. An investigation of university students' critical thinking disposition and perceived problem solving skills[J]. Eur. J. Educ. Res. 2009:36, 57-74.

后 记

　　本著作是在本人博士论文的基础上形成的。回首一路走来的时光，心里最想说的是感谢。我要深深地感谢我的导师史宁中教授，成为老师的学生是我毕生的光荣。老师在繁忙的工作中仍时刻关心我的学习，本书的选题、设计和写作都离不开老师的悉心指导，试卷的编写和测试更离不开老师的帮助。老师渊博的学术视野、严谨的治学精神、精益求精的工作作风、坚韧的精神和毅力都深深地感染和激励着我，老师是我一生的偶像和榜样。感谢马云鹏老师、高夯老师、李淑文老师、韩继伟老师和史亮老师，在研究的过程中，老师们不厌其烦地和我讨论本书的框架及内容，帮助我解决撰写中的困惑。老师们渊博的知识拓宽了我的学术视野，时时使我有拨云见日之感。感谢在收集数据过程中给予我支持的各位老师和同学们。感谢谭祖春老师、程传平老师、刘利益老师、金石老师、王利民老师、孙威老师和罗彦东老师，他们对我热情的帮助使我顺利完成了调研和测试工作，获得了翔实的数据。还要感谢图书馆的徐枫老师，在查找资料的过程中向我伸出援手，给我无私的帮助。感谢我的爸爸妈妈，是他们坚定的支持、想宽容的理解，让我在脆弱的时候仍充满希望，使我没有后顾之忧，心里总有个奔头。爸爸总说，没事，有爸爸呢！妈妈总说，多吃点饭，也多吃点水果……感谢在我求学的路上，给我关怀和力量的每一位朋友，是你们的关怀给我带来温暖，让我一次次有勇气战胜困难。

　　最后，我要感谢陶剑教授。记得 2015 年陶老师在田径场上毕业典礼的致辞，更记得同年开学典礼上的谆谆教导。陶老师谦和的态度与宽广的心胸始终深深地感染着我，让我终生铭记。天堂没有病痛，愿陶老师一切都好。

林玉慈

2021 年 06 月 27 日于宁波大学